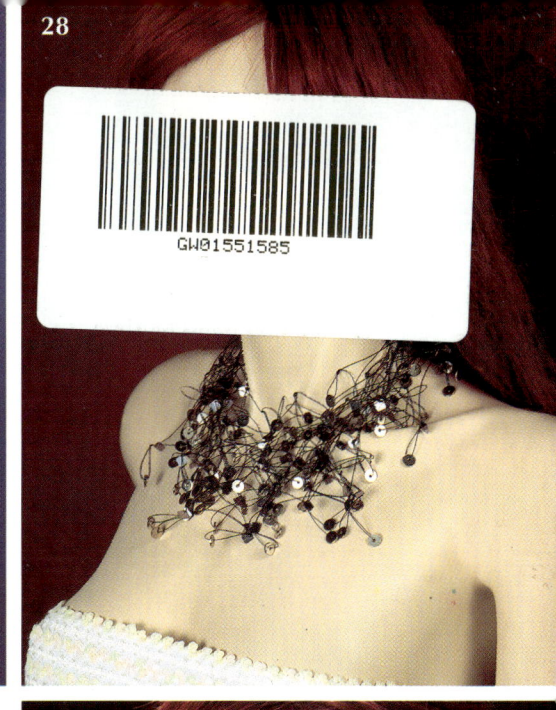

Denise Hoerner

Perles de Rocaille
et Perles Fantaisie
SUR FIL NYLON

*E*nfilez des perles de rocaille, de bois, de résine de toutes les formes et de toutes les couleurs, mais aussi d'autres objets insolites tels que paillettes, coquillages, feuilles et fleurs en plastique, petits cœurs, boutons, épingles de sûreté... sur du fil de nylon vert ou jaune fluo, transparent, rouge, bleu...

Faites un petit nœud simple sur boucle par-ci et un petit nœud arrière par-là... et vous réaliserez très rapidement un collier ras de cou ou plus long, auquel vous pourrez assortir bagues, bracelets et pourquoi pas votre chouchou à cheveux...

Désormais, vous pourrez créer, vos bijoux en fonction de vos tenues, et les porter quotidiennement ou lors de soirées.

Dans tous les cas, vous provoquerez admiration, émerveillement et envie...

Vos bijoux peuvent faire l'objet de cadeaux originaux, et... uniques.

Voici plus de 60 modèles, faciles à réaliser - mais que cela reste entre nous - à petit prix !

Denise Hoerner

MATÉRIEL et FOURNITURES

- **Des perles de rocaille rondes** de couleurs et de tailles différentes
- **Des perles tubulaires** de couleurs et de tailles différentes
- **Des perles de rocaille ovales** de couleurs et de tailles différentes
- **Des perles en bois** *(rondes, plates, ovales et en forme de fleur)*
- **Des perles carrées** de couleurs et de tailles différentes
- **Des paillettes** de formes et de couleurs différentes
- **Des feuilles et des fleurs en plastique ou en résine** de formes et de couleurs différentes
- **Des perles à écraser** *(dorées et argent)*
- **Des petits coquillages**
- **Des boutons fantaisie**
- **Des cœurs à enfiler** de couleurs et de tailles différentes
- **Du fil de nylon transparent** de Ø 0,3 mm et de Ø 0,45 mm
- **Du fil de nylon fluorescent** de Ø 0,3 mm
- **Du fil de nylon de différentes couleurs** de Ø 0,35 mm
- **Du fil de nylon noir** de Ø 0,4 mm
- **Du fil câblé** *(blanc, argent et doré)* de Ø 0,4 mm
- **Du fil élastique guipé** *(blanc, argent et doré)*
- **De la chaînette noire** *(vendue au mètre)*
- **Des lacets** en cuir
- **Des fermoirs à chaînettes** *(ou simples)* pour bracelets et colliers
- **Des fermoirs pour boucles d'oreilles** *(oreilles percées)*
- **Des cache-fils**
- **Des capuchons** à perles
- **Des ressorts** à perles
- **Des rivets en métal** de Ø 8 mm
- **Des épingles** de sûreté *(argent)*
- **Un pistolet à colle** thermofusible
- **Une paire de ciseaux**
- **Une petite tenaille**
- **Une petite pince** à tête plate et à bouts pointus
- **De la colle universelle** *(gel)* en tube

CONSEILS et ASTUCES

- Laissez toujours environ 12 cm de fil, à la fin et au début de chaque rang de perles, afin de poser facilement le fermoir.
- Si, en cours d'enfilage, le fil ne maintient pas bien la perle en place, faites un nœud double *(voir technique n°1 page 6)*.
- Si vous réalisez un collier avec des nœuds simples sur boucles *(voir technique n°2 page 6)*, faites un nœud simple *(voir technique n°1 page 6)* pour bloquer la première et la dernière perle, afin de ne pas avoir trop de boucles au niveau du fermoir.
- Si dans un collier déjà terminé, il s'avère qu'un rang est trop long, faites un nœud simple sur boucle sur ce fil à un endroit sans perles, afin de le raccourcir.
- Si un fil est trop court au niveau du fermoir dans un collier terminé, attachez ce fil au premier nœud du rang précédent pour éviter de tout recommencer.
- Préférez un fermoir à chaînette, afin de le régler à la longueur désirée.
- Pour les colliers comportant de nombreux fils, utilisez des capuchons à perles comme cache-fils.

TECHNIQUES

Technique N°1

Le nœud simple (ou double)

Sur 1 m de fil de nylon, enfilez une ou plusieurs perles (paillettes, rivets, ou autre élément) et bloquez-les en faisant un nœud simple (ou double).

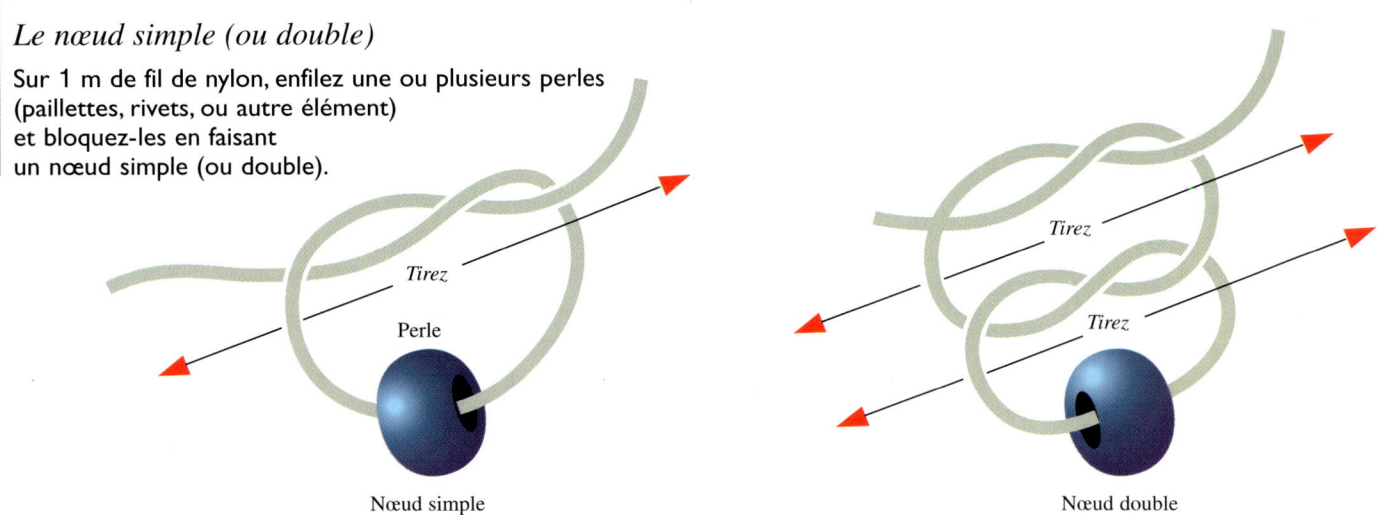

*Commencez le travail en enfilant une perle à l'extrémité du fil, faites un nœud simple sur la perle et tirez.
Dans le cas d'un nœud double, faites un deuxième nœud sur le premier et tirez*

Technique N°2

Le nœud simple sur boucle

Prenez une longueur de fil (indiquée avec chaque réalisation).

Enfilez une perle sur le fil à 15 cm et pliez-le (A).
Maintenez la perle entre le pouce et l'index de la main droite.

À environ 8 cm de la perle enfilée, prenez les deux brins du fil entre le pouce et l'index de la main gauche.

Faites une autre boucle avec les deux brins du fil et maintenez-la entre le pouce et l'index de la main gauche (B).

Glissez la première boucle dans la deuxième (C) et tirez.

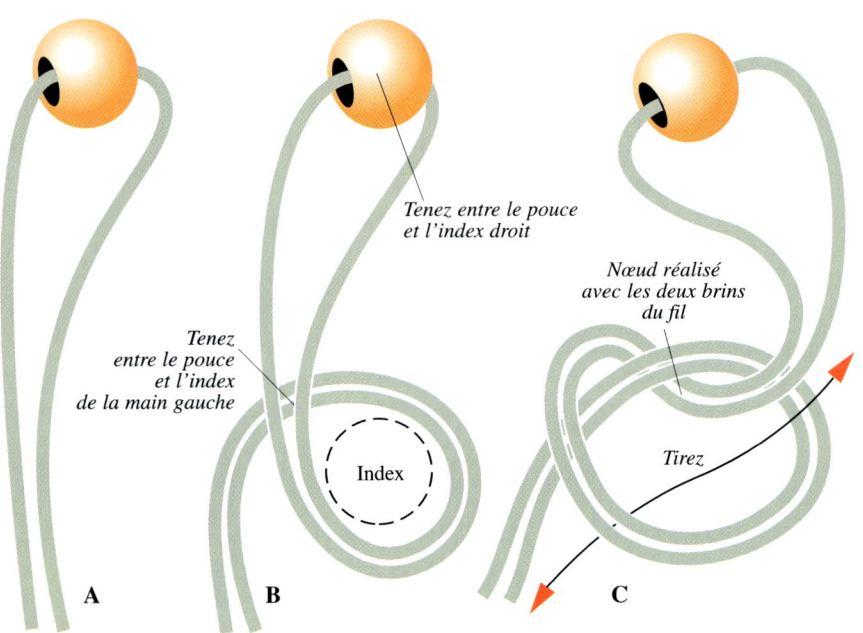

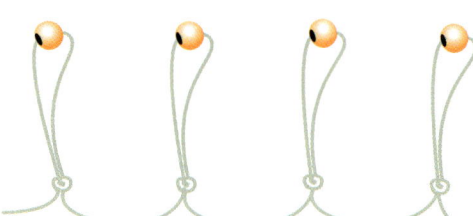

Ligne réalisée selon la technique n°2

Perles placées sur les intervalles (entre chaque nœud des boucles)

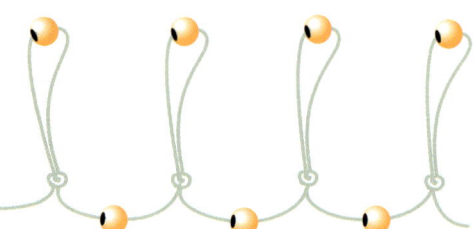

Perles placées dans les boucles et sur les intervalles

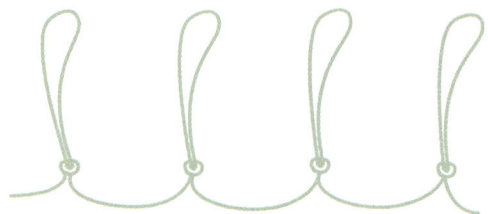

Ligne de nœuds simples sur boucles, sans perle

DE BASE

TECHNIQUE N°3

Le nœud arrière

Prenez une longueur de fil (indiquée avec chaque réalisation).

Enfilez les perles, une à une (**A**),
et repassez le fil à chaque fois dans la perle (**B**).

Continuez de les enfiler ainsi, une à une (**C**).

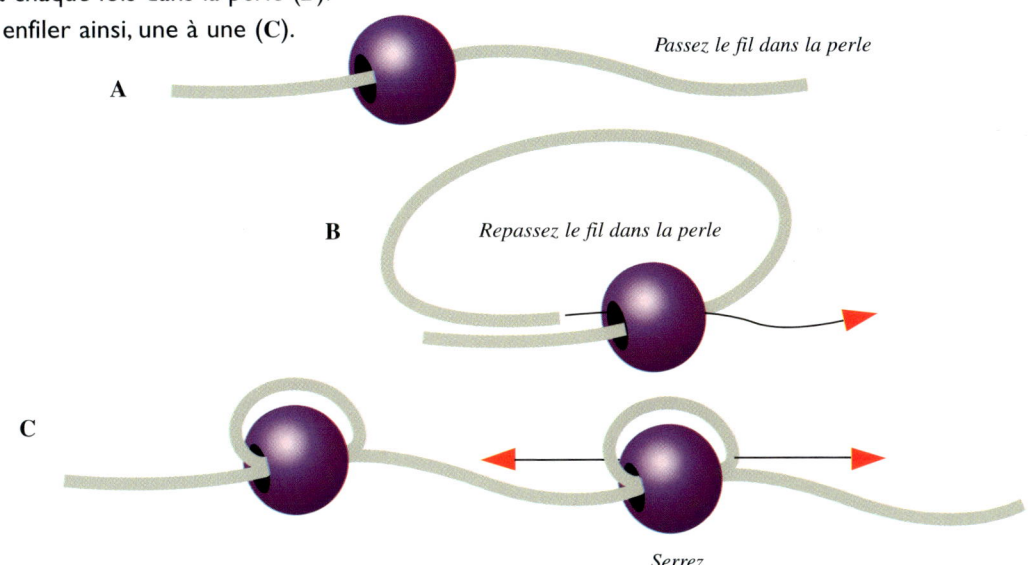

TECHNIQUE N°4

Les fils croisés

Prenez une longueur de fil (indiquée avec chaque réalisation).

Pliez le fil en deux, faites une boucle ou fixez-le sur une des parties du fermoir.

Enfilez les deux brins du fil dans la perle en les croisant à l'intérieur.

Continuez ainsi, jusqu'à la longueur désirée.

Ceci est le principe de base.

Le nombre de perles prises dans chaque croisement du fil peut varier d'un modèle à l'autre, ainsi que la dimension de la boucle.

Chaque boucle peut également être garnie d'un certains nombre de perles.

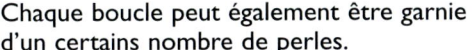

Pliez le fil en deux et glissez-le dans un fermoir

Le début peut se faire aussi à partir d'une boucle ou d'un nœud simple

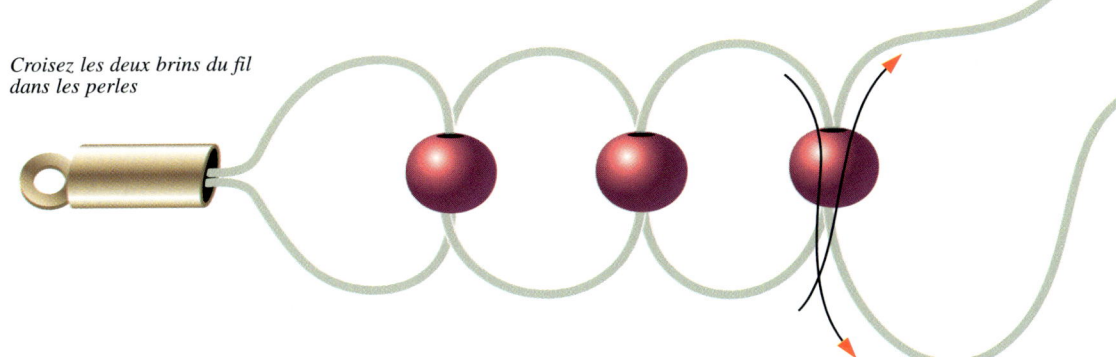

Croisez les deux brins du fil dans les perles

TECHNIQUES

TECHNIQUE N°5

Les boucles élastiques

Prenez une longueur de fil (indiquée avec chaque réalisation).

À environ 12 cm, enfilez une perle et faites un nœud simple (**A**).

Faites ensuite un autre nœud simple non serré, sans prendre de perle, en formant une boucle d'environ 2 cm de diamètre (**B**).

Enfilez ensuite une perle et faites un nœud simple (**C**).

Alternez ainsi une boucle avec perle et une boucle sans perle jusqu'à la longueur désirée.

Les nœuds peuvent être faits de différentes grosseurs, vous obtiendrez ainsi, un effet plus naturel et le collier gardera toute son élasticité.

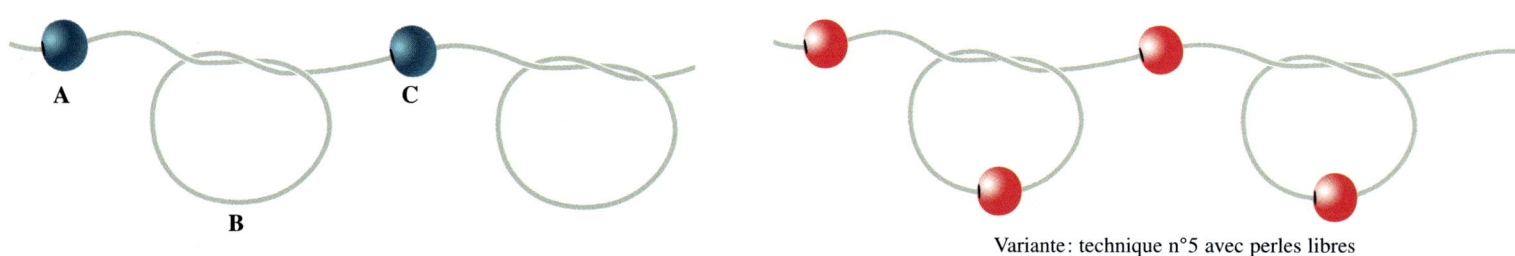

Variante : technique n°5 avec perles libres

TECHNIQUE N°6

Le maillon simple (1)

Prenez une longueur de fil (indiquée avec chaque réalisation).

Enfilez le nombre de perles indiqué.

Fermez par un nœud double et laissez pendre les brins du fil.

Les maillons entrelacés (2)

Commencez par confectionner un maillon simple.

Prenez une autre longueur de fil. Passez-la dans le premier maillon.

Enfilez les perles sur chaque pan du fil et fermez par un nœud double.

Procédez de la même manière pour les maillons suivants.

Les maillons enfilés (3)

Confectionnez le nombre de maillons indiqué avec la réalisation choisie.

Enfilez-les sur un fil élastique que vous nouez en fin de travail.

Les maillons accrochés (4)

Confectionnez le nombre de maillons indiqué avec la réalisation choisie.

Prenez une longueur de fil sur laquelle vous enfilez des perles.

Accrochez chaque maillon avec le fil restant en le passant à l'intérieur d'une perle et faites un nœud double.

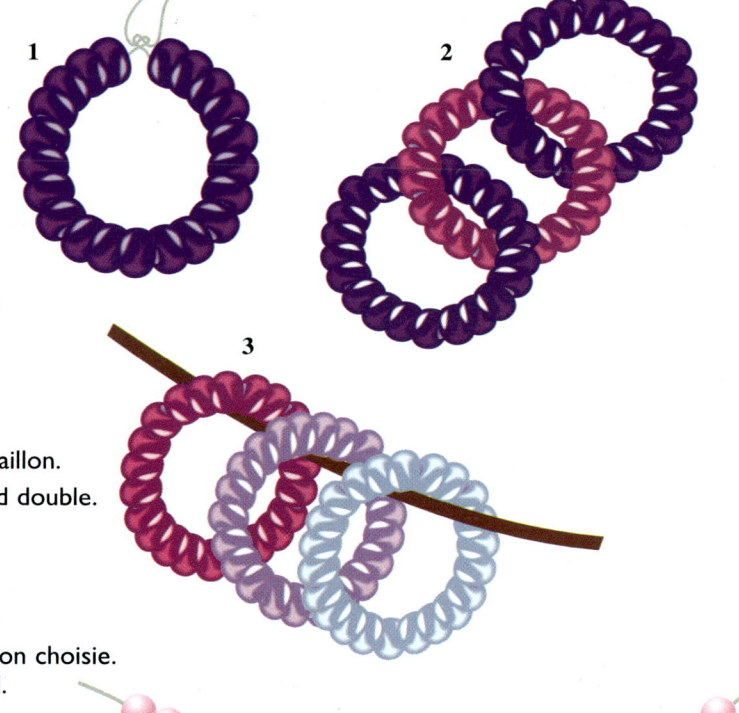

DE BASE

Assemblage des Fils du Collier

A - Assemblez tous les fils à leurs extrémités et fixez-les sur votre plan de travail avec du ruban adhésif.

Positionnez les fils les uns au-dessus des autres en les espaçant légèrement :
- pour un ras de cou, variez la longueur des fils de 40 à 50 cm
- pour un collier plus long, variez la longueur des fils de 45 à 60 cm

B - Nouez les fils à chaque extrémité et serrez bien.

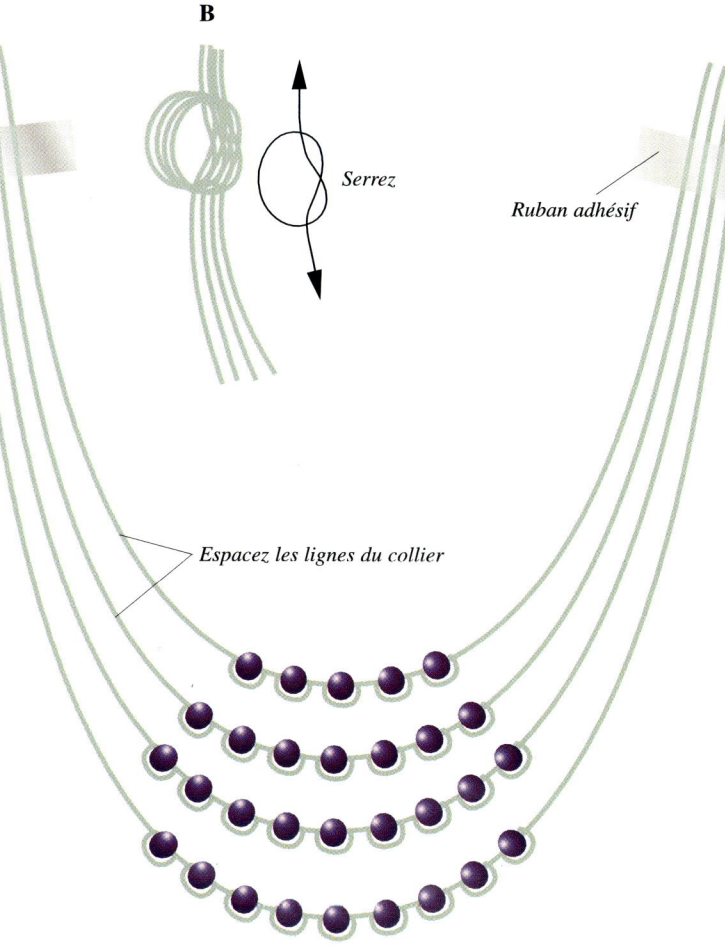

Montage du Fermoir

A - Placez les fils dans un cache-fils et déposez une goutte de colle universelle (gel), sur le nœud.

B - Resserrez à l'aide d'une pince à bouts plats.

C - Coupez les fils à ras. Faites l'autre extrémité de la même manière.

D - Montez le fermoir.

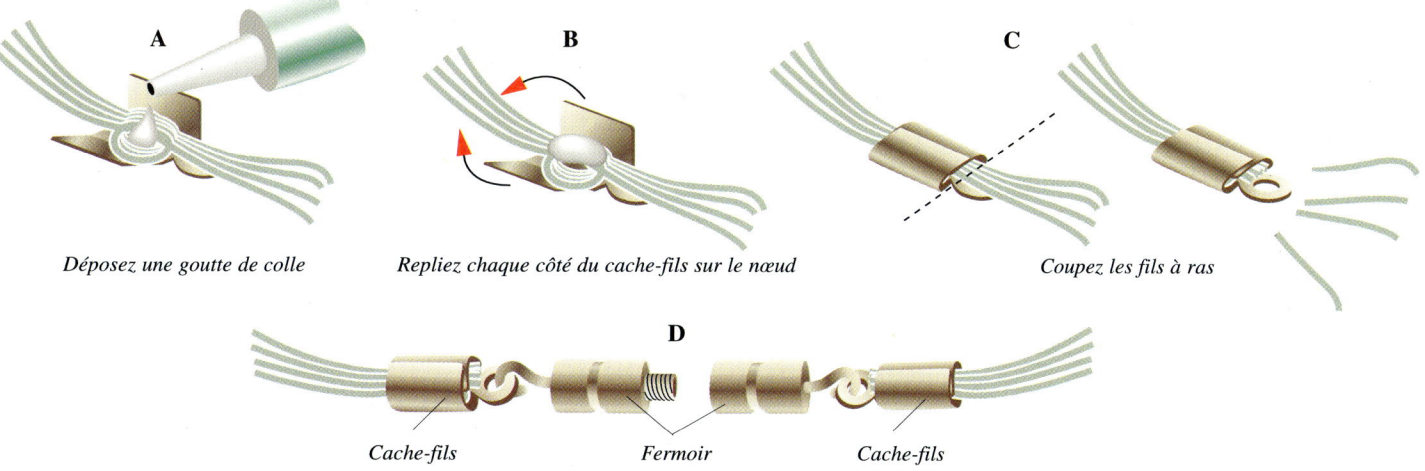

Déposez une goutte de colle — *Repliez chaque côté du cache-fils sur le nœud* — *Coupez les fils à ras*

Cache-fils — *Fermoir* — *Cache-fils*

Les Perles à Écraser

La perle à écraser sert à maintenir ou à retenir une ou plusieurs perles en place.

Enfilez-la, puis écrasez-la doucement sur le fil, avec la pince à bouts plats.

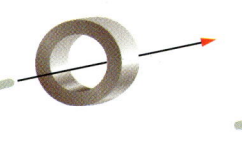

Passez le fil

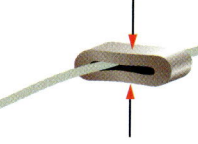

Écrasez la perle

Buttes Chaumont
Collier ras de cou

1,20 m de fil câblé *(argent)* de Ø 0,4 mm
20 perles facettées *(transparentes)* de Ø 8 mm
38 perles tubulaires *(bleues)* de 7 mm et Ø 2 mm
38 perles tubulaires *(vertes)* de 7 mm de long et de Ø 2 mm
1 fermoir *(argent)*

1 **Reportez-vous** à la technique n°4 *(voir page 7)*. **Prenez** le fil câblé, **pliez-le** en deux, **enfilez-le** dans l'anneau d'une partie du fermoir **et tortillez** les 2 fils sur 1 cm.

2 **Prenez** une perle facettée. **Enfilez** les 2 fils de chaque côté, par l'extérieur, **et faites-les ressortir** de manière à ce qu'ils se croisent à l'intérieur de la perle.

3 **Enfilez ensuite** une perle tubulaire bleue sur le fil de gauche et une verte sur le fil de droite, **puis tortillez** les 2 fils. **Enfilez de nouveau** une perle tubulaire verte sur le fil de gauche et une bleue sur le fil de droite, **puis croisez** les fils dans une perle facettée comme cela est expliqué précédemment en **2**. **Continuez ainsi** sur toute la longueur du fil, **en terminant** par une perle facettée.

4 **Fixez** les 2 fils restants sur l'anneau de la seconde partie du fermoir **en les tortillant.**

Monceau
Collier

21 fils de nylon *(vert)* de 1,20 m et de Ø 0,35 mm
231 perles de rocaille en forme d'olive *(vert d'eau)* de 6 mm de long et de Ø 3 mm
110 perles rondes *(arc-en-ciel)* de Ø 4 mm
40 perles de rocaille *(noires)* de Ø 4 mm
2 capuchons à perles *(argent)* et 2 cache-fils *(argent)*
1 fermoir à chaînette *(argent)* et de la colle universelle en tube *(gel)*

1 **Préparez** 10 fils sur lesquels **vous enfilez** les perles arc-en-ciel tous les 2 cm environ, **en vous reportant** à la technique n°1 *(voir page 6)*.

2 **Préparez ensuite** 11 fils sur lesquels **vous enfilez, en les alternant,** les perles en forme d'olive et les perles noires **en vous reportant** à la technique n°1 *(voir page 6)*, et de la manière suivante : sur chaque fil, **enfilez** 3 perles en forme d'olive et **faites** un nœud double de manière **à former** un triangle *(voir schéma ci-dessous)*. Laissez un espace de 3 cm, **puis enfilez** une perle de rocaille noire. Faites un nœud simple. Laissez un espace de 3 cm, **puis enfilez de nouveau** 3 perles en forme d'olive **pour former** un autre triangle. Laissez un espace de 3 cm, puis une perle de rocaille noire **et continuez** ainsi de suite sur toute la longueur du fil. **Préparez ainsi** les 11 fils.

3 **Posez** les 21 fils perlés, à plat sur le plan de travail, **en alternant** une rangée **1** et une rangée **2**. **Coupez** les extrémités des fils à des longueurs différentes de manière **à former** l'arrondi du collier.

4 **Assemblez,** par un nœud, les extrémités des 21 fils. **Coupez** 18 fils à ras et **collez-les. Glissez** les 3 fils restants dans le trou des capuchons à perles. **Faites** un nœud **et glissez** ces 3 fils dans les cache-fils. **Resserrez** à l'aide de la pince à bouts plats **et montez** le fermoir *(voir page 9)*.

Montsouris
Collier

4 fils de nylon *(transparent)* de 1,40 m et de Ø 0,3 mm
34 perles ovales *(transparentes irisées)* de 1 cm de long
34 perles en forme de cœur de 7 mm *(vert irisé)*
2 cache-fils *(argent)* et 1 fermoir *(argent)*

1 **Préparez** les fils de nylon **et enfilez** les perles **en vous reportant** à la technique n°2 *(voir page 6)*. **Faites** des nœuds simples sur boucles tous les 5 cm environ **en glissant** les perles ovales à l'intérieur de chaque boucle et les perles en forme de cœur, entre chaque nœud.

2 **Rassemblez** les fils à chaque extrémité du collier, **faites** un nœud, **placez-les** dans les cache-fils **et montez** le fermoir *(voir page 9)*.

ALCAZAR
COLLIER RAS DE COU

8 fils de nylon (rouge) de 1,20 m de long et de Ø 0,35 mm
140 perles tubulaires (transparentes) de 7 mm de long et de Ø 2 mm
2 cache-fils (argent)
1 fermoir à chaînette (argent)

1 **Formez** des nœuds simples sur boucles sur les 8 fils tous les 4 cm environ **et enfilez** les perles tubulaires **en vous reportant** à la technique n°2 (voir page 6).

2 **Assemblez** les fils à leurs extrémités **et glissez-les** dans les cache-fils, **puis montez** le fermoir (voir page 9).

LIDO
COLLIER RAS DE COU

80 cm de fil de nylon (transparent) de Ø 0,3 mm
1 tube de perles de rocaille (noires) de Ø 3 mm
114 perles de rocaille (blanches) de Ø 3 mm
80 cm de ruban (rouge) en 5 mm de large

1 **Reportez-vous** à la technique n°4 (voir page 7). **Pliez** le fil de nylon en deux.

2 **Enfilez ensuite** 3 perles blanches, 5 perles noires sur chaque brin de fil, puis 3 perles blanches **en croisant** les fils à l'intérieur. **Enfilez de nouveau** 5 perles noires sur chaque brin de fil, puis 3 perles blanches **en croisant** les fils à l'intérieur. **Continuez ainsi,** sur toute la longueur.
Nouez alors les brins **pour arrêter** le travail.

3 **Passez ensuite** le ruban rouge (voir schéma ci-dessous).

4 **Fermez** le collier **en nouant** le ruban.

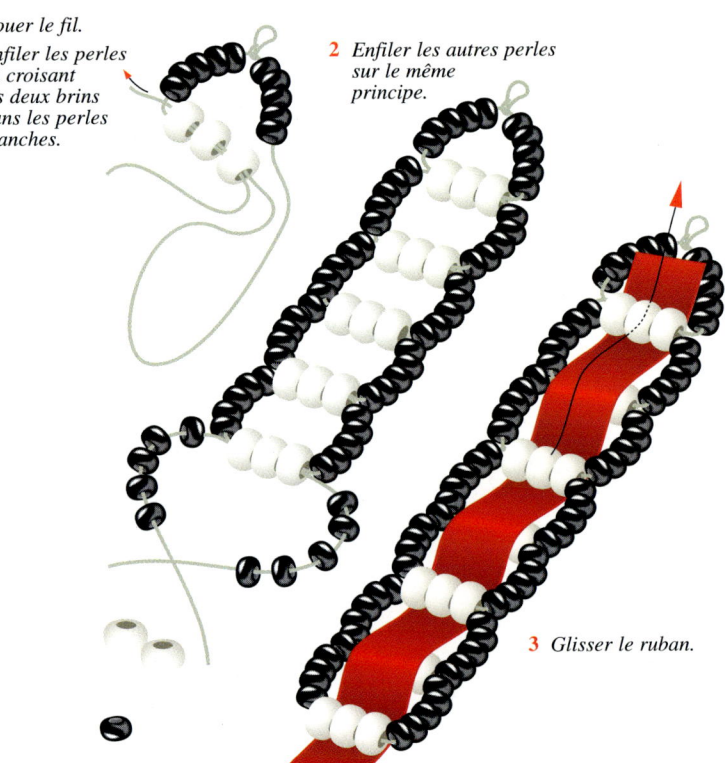

1 Nouer le fil. Enfiler les perles en croisant les deux brins dans les perles blanches.
2 Enfiler les autres perles sur le même principe.
3 Glisser le ruban.

MOULIN ROUGE
COLLIER

3,15 m de fil de nylon (transparent) de Ø 0,3 mm
80 perles tubulaires (rouges) de 12 mm et de Ø 2 mm
100 perles tubulaires (noires) de 13 mm et de Ø 2 mm
20 cache-fils ronds (argent)
1 fermoir (argent)

1 Dans le fil de nylon, **coupez** une longueur de 50 cm, une longueur de 60 cm, une longueur de 70 cm et 9 longueurs de 15 cm.

2 Sur les trois grandes longueurs de fil, **enfilez** les perles tubulaires rouges et les perles tubulaires noires, **en les alternant.**

3 **Assemblez** les 3 fils aux deux extrémités **et enfilez** une perle rouge à droite et une perle noire à gauche, puis **glissez-les** dans deux cache-fils. Resserrez à l'aide de la pince à bouts plats **et montez** le fermoir (voir page 9).

4 **Prenez** les 9 longueurs de fils restants de 15 cm. **Positionnez-les de la manière suivante en commençant par le milieu de chaque rang:** 1 sur le rang de 70 cm, 3 sur le rang de 60 cm et 5 sur le rang de 50 cm. **Passez** chaque fil dans 1 perle rouge (voir schéma ci-dessous). **Enfilez** sur chaque brin, 1 perle noire, 1 rouge, 1 noire, 1 rouge et 1 noire. **Faites** un nœud **et glissez** chaque extrémité dans un cache-fil rond argent. **Resserrez à l'aide de** la pince à bouts plats.

BRACELET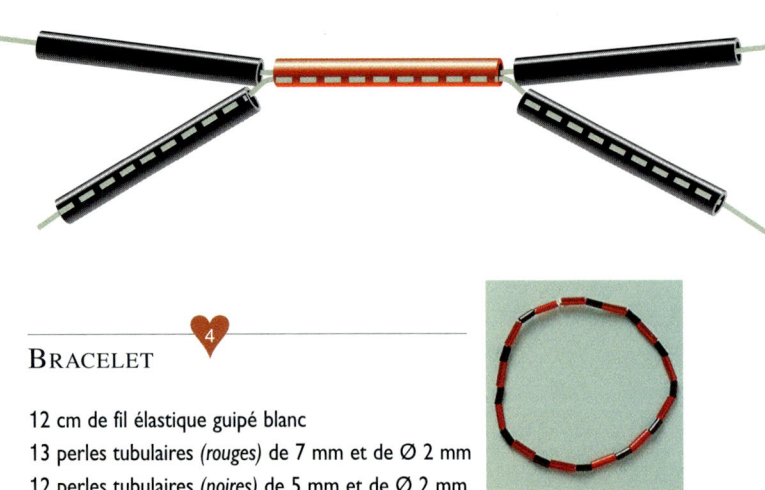

12 cm de fil élastique guipé blanc
13 perles tubulaires (rouges) de 7 mm et de Ø 2 mm
12 perles tubulaires (noires) de 5 mm et de Ø 2 mm

Sur le fil guipé, **enfilez** les perles rouges et les perles noires **en les alternant,** puis **fermez** le bracelet par un nœud.

Odéon
Collier ras de cou

60 cm de fil de nylon *(transparent)* de Ø 0,3 mm
1,40 m de fil câblé *(blanc)* de Ø 0,4 mm
37 perles de rocaille en forme d'olive *(vertes)* de 6 mm et de Ø 3 mm
37 perles de rocaille rondes *(arc-en-ciel)* de Ø 2 mm
2 cache-fils *(argent)*
1 fermoir à chaînette *(argent)*

1 Prenez le fil câblé **et reportez-vous** à la technique n°3 *(voir page 7)*. **Enfilez** 1 perle ronde, 1 perle en forme d'olive **et continuez ainsi** treize fois.

2 Continuez ensuite à enfiler les perles **en formant** des boucles de plus en plus grandes jusqu'à la vingtième perle, **puis en les diminuant** jusqu'à la vingt-cinquième.

3 Reprenez l'enfilage 1 avec 12 perles en forme d'olive et 12 perles rondes.

4 Prenez le fil de nylon **et passez-le** dans la première partie de l'enfilage (13 perles rondes et 13 perles en forme d'olive). **Sortez** le fil **et passez-le uniquement** dans les perles rondes enfilées au niveau des boucles.
À partir de la vingt-sixième perle, **passez** le fil dans la dernière partie de l'enfilage (12 perles rondes et 12 perles en forme d'olive).

5 Assemblez les fils à chaque extrémité. **Glissez-les** dans les cache-fils **et montez** le fermoir *(voir page 9)*.

Saint-Michel
Collier

9 fils câblés *(blancs)* de 1,30 m et de Ø 0,4 mm
70 perles de rocaille en forme d'olive *(vert d'eau irisé)* de 6 mm de long et de Ø 3 mm
60 perles de rocaille *(vert foncé irisé)* de Ø 4 mm
120 perles de rocaille *(vert foncé irisé)* de Ø 2 mm
2 cache-fils *(argent)*
1 fermoir *(argent)*

1 Prenez 5 fils câblés et **reportez-vous** à la technique n°2 *(voir page 6)*. **Faites** des nœuds simples sur boucles **et enfilez** une perle en forme d'olive dans chacun d'eux. Dans les intervalles qui séparent chaque nœud, **enfilez** une perle de Ø 2 mm.

2 Sur les 4 autres fils câblés, **faites** des nœuds simples sur boucles tous les 3 cm, et **enfilez** une perle de rocaille de Ø 4 mm dans chacun d'eux. Dans les intervalles qui séparent chaque nœud simple sur boucle, **enfilez** une perle de Ø 2 mm.

3 Assemblez les fils, **glissez-les** dans les cache-fils **et montez** le fermoir *(voir page 9)*.

Saint Germain des Prés
Collier ras de cou

90 cm de fil de nylon *(transparent)* de Ø 0,3 mm
26 perles tubulaires *(argent)* de 7 mm et de Ø 2 mm
64 perles de rocaille rondes *(vertes)* de Ø 2 mm
36 petits cœurs à enfiler *(verts)*
1 fermoir *(argent)*

1 Nouez une des extrémités du fil sur un des anneaux du fermoir. **Enfilez ensuite**, en les alternant, 5 perles rondes et 5 perles tubulaires.

2 Formez ensuite une petite fleur. Pour cela, **enfilez** 1 perle ronde (**a**), 2 cœurs A et B, 1 perle ronde (**b**). **Repassez** le fil dans le cœur B. **Enfilez** 1 troisième cœur C, 1 perle ronde (**c**), **repassez** le fil dans le cœur C **et enfilez** enfin 1 quatrième cœur D, 1 perle ronde (**d**), **repassez** le fil dans le cœur D, puis dans le cœur B et la perle ronde (**b**) *(voir schéma ci-contre)*.

3 Enfilez ensuite 1 perle tubulaire (**e**), 1 perle ronde, une perle tubulaire **et formez** de nouveau une fleur. **Continuez ainsi en répétant** les mêmes opérations, de manière **à former** 9 fleurs.

4 Terminez en reprenant en 1, **en enfilant** 5 tubulaires et 5 rondes **en les alternant.**

5 Nouez le fil sur le deuxième anneau du fermoir.

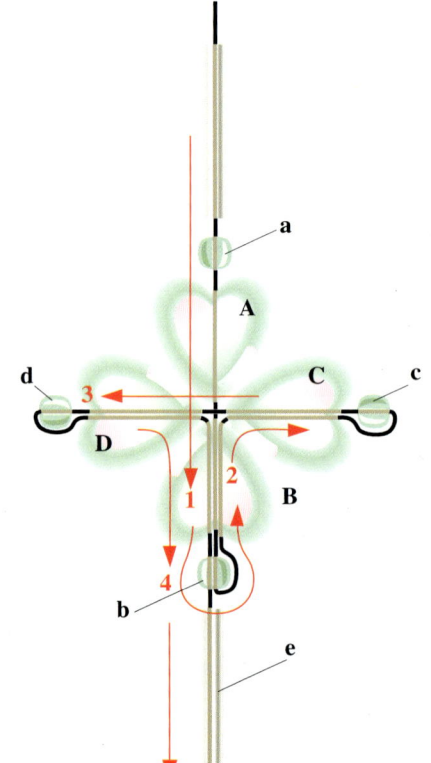

AUTEUIL
COLLIER

3,30 m de fil de nylon *(transparent)* de Ø 0,3 mm
2 tubes de perles de rocaille *(roses)* de Ø 3 mm
2 tubes de perles de rocaille *(mauves)* de Ø 3 mm
2 tubes de perles de rocaille *(prune)* de Ø 3 mm
2 ressorts à perles *(argent)* et 1 fermoir fantaisie à chaînette *(argent)*

1 **Coupez** 50 cm de fil. **Enfilez** les perles sur toute la longueur **en alternant** les couleurs. **Passez** les extrémités du fil à l'intérieur des ressorts, **puis montez** le fermoir.

2 **Reportez-vous** à la technique n°6 *(voir page 8)* des maillons accrochés **Coupez** 6 fils de 10 cm sur lesquels **vous enfilez** 21 perles roses sur 2 fils, 21 perles mauves sur 2 fils et 21 perles prune sur 2 fils. **Assemblez** les deux extrémités de chaque fil par un nœud, **afin d'obtenir** un maillon.

3 **Coupez** 6 autres fils de 10 cm sur chacun desquels **vous enfilez** 31 perles (2 fils en rose, 2 fils en mauve et 2 fils en prune).

4 **Coupez** 6 fils de 15 cm **et enfilez** 41 perles sur chacun d'eux (2 fils en rose, 2 fils en mauve et 2 fils en prune).

5 **Coupez enfin** 3 fils de 20 cm sur lesquels **vous enfilez** 51 perles (1 fil en rose, 1 fil en mauve et 1 fil en prune).

6 **Montez** ces 21 boucles sur le rang de base **1 en commençant** par les 3 boucles de 51 perles **en les plaçant** au centre, **puis répartissez** de chaque côté 3 boucles de 41 perles, 3 de 31 perles et 3 de 21 perles.

PASSY
COLLIER RAS DE COU

2 fils de nylon *(transparent)* de 1,20 m et de Ø 0,3 mm
97 perles tubulaires *(argent)* de 7 mm et de Ø 2 mm
168 perles de rocaille *(rose)* de Ø 2 mm
384 perles de rocaille *(argent)* de Ø 2 mm
1 fermoir *(argent)*

1 **Pliez** un des fils de nylon en deux **et fixez-le** sur une partie du fermoir. **Reportez-vous** à la technique n°4 *(voir page 7)* **et commencez par enfiler** 2 perles roses sur chaque morceau de fil dépassant. **Croisez** les fils dans une perle tubulaire. **Enfilez ensuite** sur chaque fil, une perle rose, une perle tubulaire, une perle rose, **puis croisez** de nouveau les fils dans une perle tubulaire. **Continuez ainsi**, jusqu'à la fin de l'enfilage **en terminant** par 2 perles roses. **Fixez** la deuxième partie du fermoir.

2 **Prenez** le second fil de nylon et **passez-le** dans la troisième perle rose (début de l'enfilage). **Enfilez ensuite**, 6 perles argent, une perle rose, puis 6 autres perles argent. **Passez** le fil dans les 2 perles roses du rang précédent. **Continuez ainsi** l'enfilage, **afin de former** 32 boucles. **Fixez** ce fil **en faisant** un nœud à son extrémité.

TROCADÉRO
BRACELET OU CHOUCHOU

6 fils élastiques guipés *(argent)* de 13 cm
65 fils de nylon *(transparent)* de 15 cm et de Ø 0,3 mm
600 perles de rocaille *(rose pâle)* de Ø 3 mm
560 perles de rocaille *(rose vif)* de Ø 3 mm
300 perles de rocaille *(mauve)* de Ø 3 mm

1 **Reportez-vous** à la technique n°6 *(voir page 8)* des maillons enfilés. Sur chaque longueur de fil de nylon, **enfilez** 20 perles **pour former** des maillons. **Réalisez ainsi** 15 maillons mauves, 24 maillons rose vif et 26 maillons rose pâle. **Fermez** les extrémités des fils par un nœud.

2 **Répartissez** les couleurs harmonieusement **et enfilez** les 6 fils élastiques à l'intérieur des maillons. **Fermez** par un nœud.

BAGUE AUX TROIS ANNEAUX

30 cm de fil de nylon *(transparent)* de Ø 0,3 mm
32 perles de rocaille *(rose pâle)* de Ø 3 mm
32 perles de rocaille *(mauves)* de Ø 3 mm
32 perles de rocaille *(rose vif)* de Ø 3 mm

1 Sur chaque longueur de fil de nylon, **enfilez** 32 perles **pour former** des anneaux.

2 **Fermez** les extrémités des fils par un nœud.

Luxembourg
Bracelet

18 épingles de sûreté (dorées) de 2,5 cm de longueur
173 perles de rocaille (noir irisé) de Ø 2,5 mm
208 perles de rocaille (argent) de Ø 2,5 mm
1 fermoir (doré)

1 Enfilez 22 perles de rocaille (*noir irisé*) sur 8 épingles.

2 Enfilez 22 perles de rocaille (*argent*) sur 10 épingles.

3 Accrochez la première épingle dans un des anneaux du fermoir. **Accrochez ensuite,** 8 épingles les unes aux autres **en alternant** les couleurs. **Accrochez** la neuvième épingle dans le deuxième anneau du fermoir, **puis de nouveau** 8 épingles les unes aux autres **en alternant** les couleurs. **Terminez en accrochant** la dernière épingle avec la première. **Vous obtenez ainsi** un bracelet double.

Palais Royal
Collier

5 fils de nylon (transparent) de 70 cm et de Ø 0,3 mm
7 fils de nylon (transparent) de 30 cm et de Ø 0,3 mm
60 rivets (argent) de Ø 6 mm
40 paillettes (dorées) (sequins) de Ø 2 mm
2 capuchons à perles (argent)
1 fermoir (argent)

1 Reportez-vous à la technique n°1 (*voir page 6*).
Enfilez les rivets et les paillettes **en les alternant et en les espaçant** d'environ 5 cm, sur les 5 fils de 70 cm.

2 Assemblez-les et glissez-les dans les capuchons à perles **et montez** le fermoir (*voir page 9*).

3 Prenez ensuite 3 fils de 30 cm. **Enfilez** comme en **1** des paillettes et des rivets. **Nouez** ces 3 fils, **en les espaçant** de 5 cm, au milieu du premier rang du collier (le rang le plus bas).

4 Prenez de nouveau 3 fils de nylon de 30 cm. **Procédez** comme en **3** et nouez-les au milieu du deuxième rang.

5 Prenez le dernier fil de 30 cm. **Procédez** comme en **3** et nouez-le au milieu du troisième rang.

Bracelet

60 cm de fil élastique guipé (doré)
11 paillettes (dorées) (sequins) de Ø 2 mm
11 rivets (dorés) de Ø 6 mm

Coupez 3 fils de 20 cm chacun.
Reportez-vous à la technique n°1 (*voir page 6*).
Enfilez les rivets et les paillettes **en les alternant et en les espaçant** d'environ 3 cm.

Tuileries
Collier ras de cou

1,20 m de fil câblé (doré) de Ø 0,4 mm
17 perles en forme d'olive (dorées) de 6 mm et de Ø 3 mm
2 cache-fils (dorés)
1 fermoir à chaînette (doré)

1 Reportez-vous à la technique n°4 (*voir page 7*).
Pliez le fil en deux et fixez la partie pliée dans un cache-fils, **puis enfilez** les perles en forme d'olive, **en croisant** les fils à l'intérieur, **afin d'obtenir** des boucles régulières de 2 cm de diamètre.

2 Terminez en assemblant les fils dans le second cache-fils **et fixez** le fermoir.

Bracelet

60 cm de fil câblé (doré) de Ø 0,4 mm
12 perles en forme d'olive (dorées) de 6 mm et de Ø 3 mm
2 cache-fils (dorés)
1 fermoir (doré)

1 Procédez de la même manière que pour le collier ras de cou mais **en formant** des boucles régulières de 1,5 cm de diamètre.

2 Terminez en assemblant les fils dans le second cache-fils **et fixez** le fermoir.

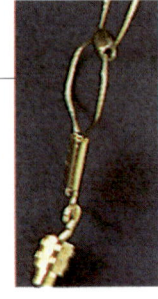

Ile Saint-Louis
Collier

1 fil de nylon *(transparent)* de 90 cm et de Ø 0,3 mm
1 fil de nylon *(transparent)* de 80 cm et de Ø 0,3 mm
14 grosses perles rondes *(blanc nacré)* de Ø 14 mm
118 perles tubulaires *(argent)* de 6 mm de long et Ø 2 mm
134 perles rondes *(dorées)* de Ø 3 mm
1 fermoir *(argent)*

❶ Sur le fil de 90 cm, **enfilez** 9 perles dorées et 8 perles tubulaires **en les alternant.**
Enfilez 1 grosse perle blanc nacré, puis 9 perles dorées et 8 perles tubulaires **en les alternant.**
Enfilez, de nouveau, 1 grosse perle blanc nacré **et continuez** ainsi l'enfilage jusqu'à la septième grosse perle blanc nacré.
Terminez en enfilant 9 perles dorées et 8 perles tubulaires **en les alternant.**

❷ Sur le fil de 80 cm, **procédez de la même manière, mais en commençant et en terminant** l'enfilage par 4 perles dorées et 3 perles tubulaires **en les alternant.**

❸ **Assemblez** les fils à chaque extrémité **en faisant** un nœud dans les anneaux du fermoir **et repassez** le fil **en revenant** dans quelques perles.

Notre-Dame
Collier

3 fils de nylon *(transparent)* de 70 cm et de Ø 0,3 mm
21 fils de nylon *(transparent)* de 40 cm et de Ø 0,3 mm
80 perles de rocaille *(noires)* de Ø 3 mm
80 perles rondes *(argent)* de Ø 3 mm
80 perles rondes *(dorées)* de Ø 4 mm
42 perles à écraser *(dorées)*
2 cache-fils *(argent)*
1 fermoir *(argent)*

❶ **Enfilez** les perles, **en les alternant,** tous les centimètres, sur les 3 fils de nylon de 70 cm **et en vous reportant** à la technique n°1 *(voir page 6).*

❷ **Assemblez** les fils à chaque extrémité, **glissez-les** dans les cache-fils **et fixez** le fermoir *(voir page 9).*

❸ **Passez** les 21 fils de 40 cm dans les perles de chaque rang **en les répartissant harmonieusement,** tous les 3 cm environ, à raison de 7 fils par rang.
Pliez chaque fil en deux, **bloquez-les** par un nœud **et enfilez** les perles comme en ❶ sur chaque pan.

❹ **Terminez en posant** une perle à écraser à l'extrémité de chaque fil *(voir page 9).*

LES HALLES
COLLIER

9 fils câblés *(blancs)* de 1,40 m et de Ø 0,4 mm
36 perles de rocaille carrées de 5 mm de côté *(bleu foncé)*
36 perles de rocaille carrées de 5 mm de côté *(bleu clair)*
144 perles de rocaille rondes *(bleu clair)* de Ø 4 mm
2 cache-fils *(argent)* et 1 fermoir *(argent)*

1 **Prenez** un fil câblé **et enfilez** une perle ronde à 12 cm. Bloquez-la avec un nœud arrière *(voir technique n°3 page 7)*. Enfilez une perle carrée *(bleu foncé)* **et laissez-la** libre. **Enfilez et nouez ensuite**, à 3 cm de la précédente, une autre perle ronde. Laissez 8 cm de fil **et formez** un nœud simple sur boucle *(voir technique n°2 page 6)*, sans perle dans la boucle. **Répétez** cette opération sur toute la longueur de fil **en alternant** les perles carrées bleu clair et bleu foncé.

2 **Faites** les autres rangs de la même manière **en alternant** la couleur de la première perle carrée.

3 **Assemblez et nouez** les fils à chaque extrémité, **glissez-les** dans les cache-fils **et montez** le fermoir.

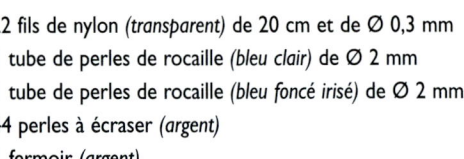

MARAIS
COLLIER RAS DE COU

22 fils de nylon *(transparent)* de 20 cm et de Ø 0,3 mm
1 tube de perles de rocaille *(bleu clair)* de Ø 2 mm
1 tube de perles de rocaille *(bleu foncé irisé)* de Ø 2 mm
44 perles à écraser *(argent)*
1 fermoir *(argent)*

1 **Reportez-vous** à la technique n°6 des maillons entrelacés *(voir page 8)*. **Commencez** par enfiler un fil de nylon dans un des anneaux du fermoir. **Répartissez**, également, les deux longueurs de fil de chaque côté **et bloquez** par un nœud sur l'anneau. **Enfilez** 13 perles bleu foncé irisé, de chaque côté. **Fermez** par un nœud. **Enfilez** 1 perle bleu clair sur chaque extrémité pendante **et fixez** 1 perle à écraser sur chacune de ces extrémités.

2 **Confectionnez** le deuxième maillon **en enfilant** 26 perles bleu clair sur un fil de nylon. **Faites passer** cet enfilage dans le premier maillon. **Fermez** par un nœud.
Enfilez 1 perle bleu foncé irisé sur chaque extrémité pendante (3 cm) **et fixez** 1 perle à écraser sur chacune de ces extrémités.

3 **Continuez ainsi** en passant chaque maillon dans le précédent **et en alternant** un maillon bleu foncé irisé et un maillon bleu clair. **Inversez également** la couleur des perles sur les extrémités pendantes (bleu clair sur les maillons bleu foncé irisé et inversement).

4 **Formez** le dernier maillon comme le premier, c'est-à-dire **en commençant par enfiler** le fil de nylon dans le deuxième anneau du fermoir. **Répartissez**, également, les deux longueurs de fil de chaque côté **et bloquez** par un nœud sur l'anneau, **puis enfilez** 13 perles bleu clair de chaque côté.

PLACE DES VOSGES
COLLIER

1 m de fil de nylon *(transparent)* de Ø 0,3 mm
28 perles tubulaires *(argent)* de 12 mm et de Ø 2 mm
44 perles de rocaille rondes *(bleu foncé)* de Ø 2 mm
8 fleurs en plastique *(bleu ciel)*
10 fleurs en plastique *(bleu foncé)* et 1 fermoir *(argent)*

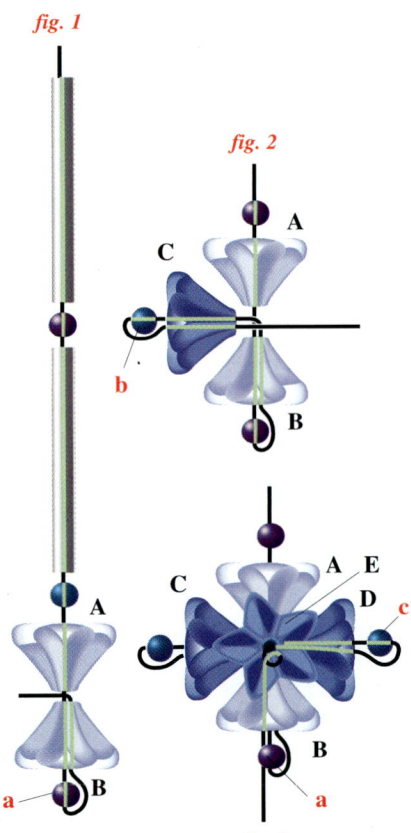

fig. 1

fig. 2

fig. 3

1 **Commencez par enfiler** 13 perles tubulaires et 13 perles rondes bleu foncé, **en les alternant.**

2 **Enfilez** 2 fleurs bleu ciel (**A**) et (**B**) et 1 perle ronde (**a**). **Repassez** le fil dans la fleur (**B**) **et tortillez** le fil entre les fleurs (**A**) et (**B**) *(fig.1)*.

3 **Formez la première boule.** Pour cela, **enfilez** la fleur bleu foncé (**C**) et 1 perle ronde (**b**) *(fig.2)*. **Repassez** le fil dans la fleur (**C**) **et tortillez** le fil entre les fleurs (**A**), (**B**) et (**C**).
Enfilez la fleur bleu foncé (**D**) et une perle (**c**) *(fig. 3)*. **Repassez** le fil dans la fleur (**D**). **Passez** dans les fils précédemment tortillés. **Enfilez** la fleur bleu foncé (**E**) et une perle. **Repassez** le fil dans la fleur (**E**). **Passez** à travers les fils tortillés. **Enfilez** la fleur bleu foncé (**F**) et une perle, à l'opposé de la fleur (**E**) et dans le même axe *(non visible sur le dessin)*. **Repassez** dans la fleur (**F**), **puis repassez** dans la fleur (**B**) et dans sa perle (**a**). **Enfilez** 1 perle tubulaire.

4 **Faites une deuxième boule** de la même manière que la première, **mais inversant** les couleurs des fleurs **et enfilez** 1 perle tubulaire.

5 **Faites une troisième boule** de la même manière et avec les mêmes couleurs de fleurs que la première.

6 **Enfilez**, comme en **1**, 13 perles tubulaires et 13 perles rondes bleu foncé, **en les alternant.**

7 **Montez** le fermoir.

BOUCLES D'OREILLES

Elles sont réalisées sur le même principe que le collier mais avec une seule boule.

Champs-Elysées
Collier

6 fils de nylon de 1 m *(transparent)* de Ø 0,3 mm
25 perles rondes *(bleues)* de Ø 6 mm
19 perles rondes *(argent)* de Ø 5 mm
32 perles rondes *(transparentes irisées)* de Ø 5 mm
23 perles rondes *(blanc irisé)* de Ø 8 mm
24 perles rondes *(grises)* de Ø 8 mm
2 cache-fils *(argent)*
1 fermoir à chaînette *(argent)*

1 **Reportez-vous** à la technique n°1 *(voir page 6)* **en faisant** un nœud double. **Enfilez** les différentes sortes de perles tous les 3 à 6 cm sur les 6 fils, **en les alternant.**

2 **Assemblez** tous les fils à leurs extrémités par un nœud. **Glissez-les** dans les cache-fils **et montez** le fermoir.

3 **Mélangez** un peu les fils **en prenant** le collier dans chaque main à chaque extrémité **et en le tournant,** afin de **lui donner** son apparence finale.

Concorde
Collier trois rangs

3 fils de nylon *(transparent)* de 70, 75 et 80 cm et de Ø 0,3 mm
78 perles tubulaires *(transparentes)* de 12 mm et de Ø 2 mm
77 perles rondes *(multicolores)* de Ø 4 mm
2 capuchons à perles *(argent)*
1 fermoir *(argent)*

1 **Faites** un nœud au bout d'un des trois fils, **puis enfilez** 1 perle ronde et 1 perle tubulaire, **en les alternant et sans laisser** d'espace, et ce jusqu'à la fin du fil. **Fermez** par un nœud. **Enfilez** les perles **de la même manière** sur les deux autres fils.

2 **Passez** les extrémités des fils noués dans les capuchons à perles, **puis montez** le fermoir *(voir page 9)*.

Opéra
Collier

16 m de fil de nylon *(transparent)* de Ø 0,3 mm
112 perles de rocaille rondes *(transparentes)* de Ø 4 mm
112 paillettes *(multicolores irisées)* de Ø 7 mm
2 capuchons à perles *(argent)*
1 fermoir *(argent)*

1 **Préparez** 16 fils de 1 m **et enfilez** les perles **en vous reportant** à la technique n°1 *(voir page 6)*.

2 **Disposez** 7 perles rondes et 7 paillettes sur chaque fil, **en les alternant.**

3 **Assemblez** les fils **et tortillez-les** sur 1 cm à chaque extrémité *(voir page 9)*.

4 **Placez-les** dans les capuchons à perles **et montez** le fermoir *(voir page 9)*.

Georges V
Collier

50 fils de nylon *(transparent)* de 20 cm et de Ø 0,3 mm
150 perles rondes *(arc-en-ciel irisé)* de Ø 4 mm
100 perles à écraser *(argent)*
50 cm de chaînette *(noire)* et 1 fermoir *(argent)*

1 **Fixez** le fermoir à chaque extrémité de la chaînette noire.

2 **Passez** les fils de nylon dans les maillons de la chaînette **en les répartissant** (tous les 2 maillons à peu près) et à 10 cm de chaque partie du fermoir.

3 Pour chaque fil, **procédez ainsi :** une fois le fil passé dans les maillons, **enfilez** les 2 pans du fil dans 1 seule perle, **puis faites** un nœud. **Passez ensuite** 1 perle dans chaque pan de fil **et retenez** ces derniers par une perle à écraser.

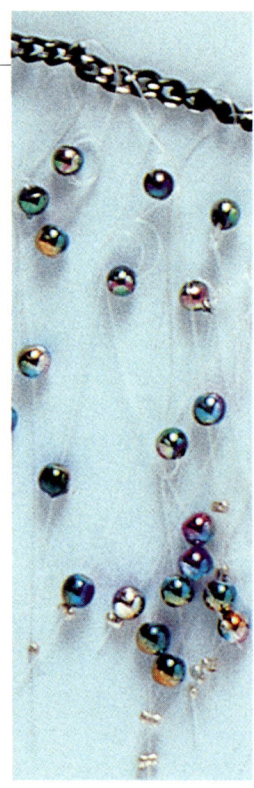

BASTILLE
COLLIER RAS DE COU

20 fils de nylon *(transparent)* de 70 cm et de Ø 0,3 mm
350 perles en résine *(mauves, roses)* de Ø 4 mm
2 capuchons à perles *(argent)* et 1 fermoir *(doré)*

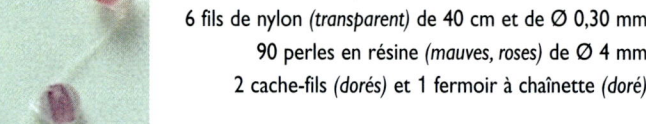

BRACELET

6 fils de nylon *(transparent)* de 40 cm et de Ø 0,30 mm
90 perles en résine *(mauves, roses)* de Ø 4 mm
2 cache-fils *(dorés)* et 1 fermoir à chaînette *(doré)*

① **Reportez-vous** à la technique n°1 *(voir page 6)* **et enfilez** les perles roses et mauves sur les 20 fils tous les 2 cm environ, **en les alternant.**

② **Assemblez** les fils à chaque extrémité, **glissez-les** dans les capuchons à perles **et montez** le fermoir.

① **Procédez de la même manière** que pour le collier.

② **Assemblez** les fils à chaque extrémité, **glissez-les** dans les cache-fils **et montez** le fermoir.

BELLEVILLE
COLLIER

3 fils de nylon *(transparent)* de 1 m et de Ø 0,3 mm
3 fils de nylon *(bleu)* de 1 m et de Ø 0,35 mm
12 fils de nylon *(transparent)* de 25 cm et de Ø 0,3 mm
42 perles tubulaires *(transparentes)* de 7 mm et de Ø 2 mm
75 perles de rocaille *(bleues)* de Ø 2 mm
60 perles de rocaille *(blanches)* de Ø 2 mm
75 perles de rocaille *(mauves)* de Ø 2 mm
20 perles de rocaille *(roses)* de Ø 2 mm
30 fleurs en plastique *(bleues)*
23 fleurs en plastique *(roses)*
22 fleurs en plastique *(mauves)*
2 cache-fils *(argent)*
1 fermoir à chaînette *(argent)*

① **Commencez par mélanger** les perles de Ø 2 mm **et reportez-vous** à la technique n°2 *(voir page 6)*.

② Sur les 6 fils de 1 m, **enfilez** 1 perle, 1 fleur, faites 1 nœud juste derrière la fleur, puis un nœud simple sur boucle. **Continuez ainsi** sur toute la longueur de chaque fil **en alternant** la couleur des fleurs et des perles.

③ **Assemblez** les fils à chaque extrémité, **glissez-les** dans les cache-fils **et fixez** le fermoir *(voir page 9)*.

④ **Passez** 6 fils de 25 cm dans les perles des rangs du bas **en les répartissant** harmonieusement. **Pliez** chaque fil en deux, **bloquez-les** par un nœud **et enfilez** sur chaque pan, 5 perles tubulaires, 5 fleurs bleues et 5 perles blanches, **en les alternant.**

⑤ **Accrochez de la même manière** sur les rangs suivant, 3 fils avec 4 perles tubulaires, 4 fleurs mauves et 4 perles blanches sur chaque pan, puis 3 fils avec 3 perles tubulaires, 3 fleurs roses et 3 perles blanches sur chaque pan.

NATION
COLLIER

1,50 m de fil de nylon *(transparent)* de Ø 0,3 mm
51 perles tubulaires *(bleu foncé irisé)* de 7 mm et de Ø 2 mm
84 perles de rocaille rondes *(transparentes)* de Ø 2 mm
36 petits cœurs *(parmes)* de 5 mm et 1 fermoir *(argent)*

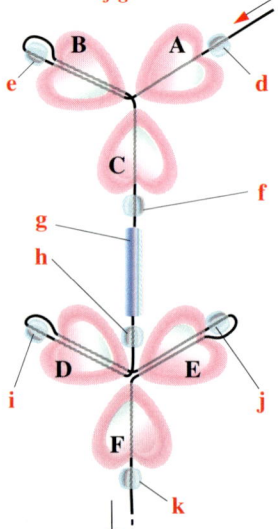

① **Nouez** une des extrémités du fil sur un des anneaux du fermoir. **Enfilez ensuite, en les alternant,** 18 perles rondes et 18 perles tubulaires.

② **Formez ensuite** une petite fleur *(fig.1)*. Pour cela, **enfilez** 1 perle ronde (**a**), 2 cœurs A et B, 1 perle ronde (**b**). **Repassez** le fil dans le cœur B. **Enfilez** 1 troisième cœur C, 1 perle ronde (**c**), **repassez** le fil dans le cœur C, puis dans le cœur B et la perle ronde (**b**).

③ **Enfilez ensuite** 1 perle tubulaire, 1 perle ronde, une perle tubulaire **et formez** une succession de 3 fleurs. Pour cela *(fig.2)*, **enfilez** 1 perle ronde (**d**), 2 cœurs A et B, 1 perle ronde (**e**). **Repassez** le fil dans le cœur B. **Enfilez** 1 troisième cœur C, 1 perle ronde (**f**), 1 perle tubulaire (**g**). **Formez** la deuxième fleur **en enfilant** 1 perle ronde (**h**), 1 cœur D, 1 perle ronde (**i**). **Repassez** le fil dans le cœur A. **Enfilez** 1 cœur E et 1 perle ronde (**j**). **Repassez** le fil dans le cœur E. Enfilez 1 troisième cœur F, 1 perle ronde (**k**) et 1 perle tubulaire. **Formez** la troisième fleur comme la deuxième **et terminez** par 1 perle ronde. **Repassez** le fil successivement dans la troisième fleur, puis dans la deuxième et enfin dans la première.

④ **Enfilez** 1 perle tubulaire, 1 perle ronde, 1 perle tubulaire **et formez** une succession de 4 fleurs comme en ③. **Enfilez** 1 perle tubulaire, 1 perle ronde, 1 perle tubulaire **et formez** une succession de 3 fleurs comme en ③. **Enfilez** 1 perle tubulaire, 1 perle ronde, 1 perle tubulaire **et formez** une fleur comme en ② *(fig.1)*.

⑤ **Reprenez** l'enfilage comme en ① **en alternant** 18 tubulaires et 18 rondes. **Nouez** l'extrémité du fil sur le deuxième anneau du fermoir.

fig. 1

fig. 2

Anvers
Collier

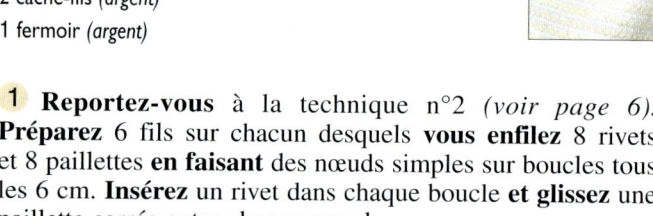

11 fils de nylon *(noir)* de 1,20 m et de Ø 0,4 mm
40 perles rondes *(argent)* de Ø 4 mm
30 petits cœurs *(transparents)* de Ø 7 mm
35 feuilles en plastique *(argent)*
2 capuchons à perles *(noirs)*
1 fermoir *(noir)*

1 **Reportez-vous** à la technique n°5 *(voir page 8)*. **Enfilez** les perles, les paillettes et les cœurs, **en les alternant** au gré de votre fantaisie.
Laissez un espace de 2 à 3 cm entre les boucles.

2 **Assemblez** les fils à chaque extrémité.
Glissez-les dans les capuchons à perles **et montez** le fermoir.

Blanche
Collier

18 fils de nylon *(noir)* de 1,40 m et de Ø 0,4 mm
120 paillettes carrées *(gris métallisé)* de 7 mm de côté
120 rivets *(gris métallisé)* de Ø 8 mm
2 cache-fils *(argent)*
1 fermoir *(argent)*

1 **Reportez-vous** à la technique n°2 *(voir page 6)*. **Préparez** 6 fils sur chacun desquels **vous enfilez** 8 rivets et 8 paillettes **en faisant** des nœuds simples sur boucles tous les 6 cm. **Insérez** un rivet dans chaque boucle **et glissez** une paillette carrée entre chaque nœud.

2 **Préparez de nouveau** 6 fils sur chacun desquels **vous enfilez de la même manière,** 7 rivets et 7 paillettes.

3 **Préparez enfin** les 6 derniers fils sur chacun desquels **vous enfilez de la même manière,** 5 rivets et 5 paillettes.

4 **Assemblez** les extrémités des fils **en commençant** par le rang le plus court **et en terminant** par le plus grand.

5 **Glissez** les fils dans les cache-fils **et montez** le fermoir.

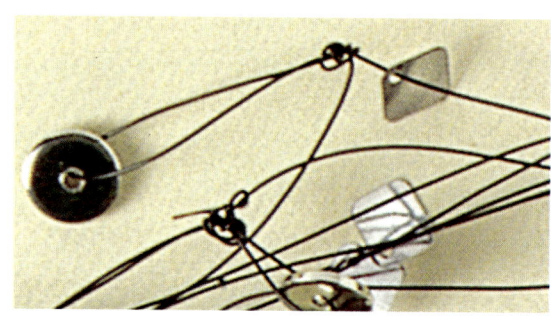

Pigalle
Collier

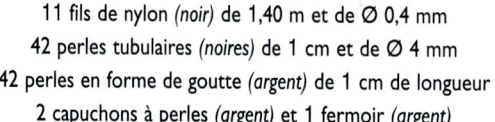

11 fils de nylon *(noir)* de 1,40 m et de Ø 0,4 mm
42 perles tubulaires *(noires)* de 1 cm et de Ø 4 mm
42 perles en forme de goutte *(argent)* de 1 cm de longueur
2 capuchons à perles *(argent)* et 1 fermoir *(argent)*

1 **Reportez-vous** à la technique n°2 *(voir page 6)*. **Préparez** les 11 fils sur chacun desquels **vous enfilez** les perles en forme de goutte dans les nœuds simples sur boucles tous les 6 cm **et glissez** une perle tubulaire bloquée par un nœud simple entre chaque nœud des boucles.

2 **Assemblez** les fils à chaque extrémité. **Glissez-les** dans les capuchons à perles **et montez** le fermoir.

CHAMP DE MARS
COLLIER

70 cm de fil de nylon (transparent) de Ø 0,3 mm
10 fils de nylon (transparent) de 25 cm et de Ø 0,3 mm
25 perles tubulaires (argent) de 1 cm de long et de Ø 2 mm
64 perles rondes (rose foncé) de Ø 6 mm
20 perles à écraser (argent)
64 capuchons à perles, dentelés (argent)
1 fermoir (argent)

❶ **Fixez** une des extrémités du fil de 70 cm dans un des anneaux du fermoir.

❷ **Enfilez successivement** 1 perle tubulaire, 1 capuchon dentelé, 1 perle ronde. **Continuez** ainsi de suite, jusqu'à la longueur désirée. **Fixez** l'autre extrémité du fil dans le second anneau du fermoir.

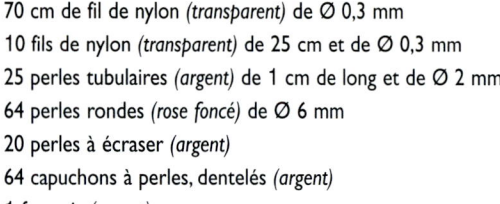

❸ **Prenez** les 10 fils de 25 cm. **Passez-les** dans les 6 perles du milieu du collier (1 fil dans la première, 2 dans les 4 suivantes et 1 dans la dernière). **Nouez-les** sur chaque perle **de manière à obtenir** 2 pans par fil de longueurs inégales.

❹ Sur chacun de ces pans, **enfilez** à environ 2 cm, 1 capuchon, 1 perle **et faites** un nœud. **Laissez** environ 7 cm **et enfilez** 1 perle à écraser, 1 capuchon, 1 perle. **Repassez** le fil dans le capuchon puis dans la perle à écraser **et serrez** cette dernière.

BAGUE

1 fil de nylon de 10 cm (transparent) de Ø 0,3 mm
1 perle ronde (rose foncé) de Ø 6 mm
1 capuchon à perle dentelé (argent)
28 perles tubulaires (argent) de 3 mm de long et de Ø 2 mm

❶ **Faites un nœud** sur une des extrémités du fil de nylon. **Enfilez** 14 perles tubulaires, puis le capuchon à perle et la perle ronde, **repassez** le fil dans le capuchon à perle **et fixez** par un nœud simple.

❷ **Enfilez ensuite** les 14 autres perles tubulaires, **puis fermez** l'anneau ainsi formé par un nœud **et rentrez** les fils dans les perles, de chaque côté.

INVALIDES
COLLIER RAS DE COU

10 fils de nylon (transparent) de 80 cm et de Ø 0,45 mm
70 perles facettées (roses, mauves, transparentes, violettes) de Ø 6 mm
40 perles rondes (dorées) de Ø 3 mm
25 rivets (dorés) de Ø 6 mm
2 capuchons à perles (dorés)
1 fermoir (doré)

❶ **Reportez-vous** à la technique n°5 (voir page 8). **Préparez** 3 fils **et formez** des boucles dans lesquelles **vous insérez** des perles rondes dorées (dans 1 boucle sur deux). Entre les boucles, **alternez** des perles facettées de différentes couleurs.

❷ Sur les 7 autres fils, **formez** des boucles dans lesquelles **vous insérez** 1, voire 2 ou 3 perles facettées et des rivets, **en les alternant** au gré de votre fantaisie. Dans les intervalles, **enfilez également** au gré de votre fantaisie, des perles dorées, facettées ou des rivets.

❸ **Mélangez** les fils **et assemblez-les** à leurs extrémités. **Glissez-les** dans les capuchons à perles **et montez** le fermoir.

LA MADELEINE
COLLIER

3 fils câblés (argent) de 80 cm et de Ø 0,4 mm
37 perles facettées (roses) de Ø 6 mm
37 perles facettées (mauves) de Ø 6 mm
37 perles facettées (violettes) de Ø 6 mm
38 rivets (argent) de Ø 6 mm
1 fermoir (argent)

❶ **Fixez** les 3 fils sur un des anneaux du fermoir. **Tortillez-les** sur 5 mm.

❷ **Enfilez** les 3 fils dans un rivet **et tortillez-les** en faisant 2 tours.

❸ **Séparez** les 3 fils et sur chacun d'eux **enfilez** une perle de couleur différente.

❹ **Assemblez** les 3 fils, **tortillez-les** en faisant 2 tours et **enfilez-les** dans un rivet. **Tortillez-les de nouveau**. **Séparez** les fils et **enfilez**, sur chacun d'eux, 1 perle de couleur différente. **Continuez ainsi** jusqu'à la fin de l'enfilage et **en terminant** par 1 rivet.

❺ **Tortillez** les extrémités des fils sur 5 mm **et fixez-les** sur le second anneau du fermoir.

Contrescarpe
Collier

8 fils de nylon *(transparent)* de 1,20 m et de Ø 0,3 mm
37 épingles de sûreté *(argent)* de 3 cm de long
27 boutons irisés de Ø 15 mm
2 cache-fils *(argent)* et 1 fermoir à chaînette *(argent)*

1 **Reportez-vous** à la technique n°2 *(voir page 6)* **et formez** des nœuds simples sur boucles sur chaque fil, tous les 10 cm environ. **Glissez** une épingle de sûreté dans chaque boucle et un bouton dans chaque intervalle.

2 **Assemblez** les fils à chaque extrémité, **glissez-les** dans les cache-fils **et montez** le fermoir.

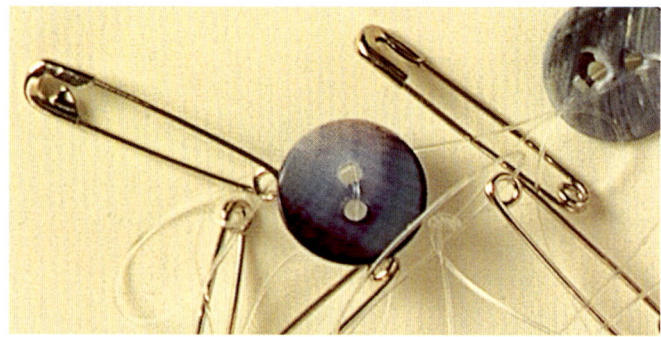

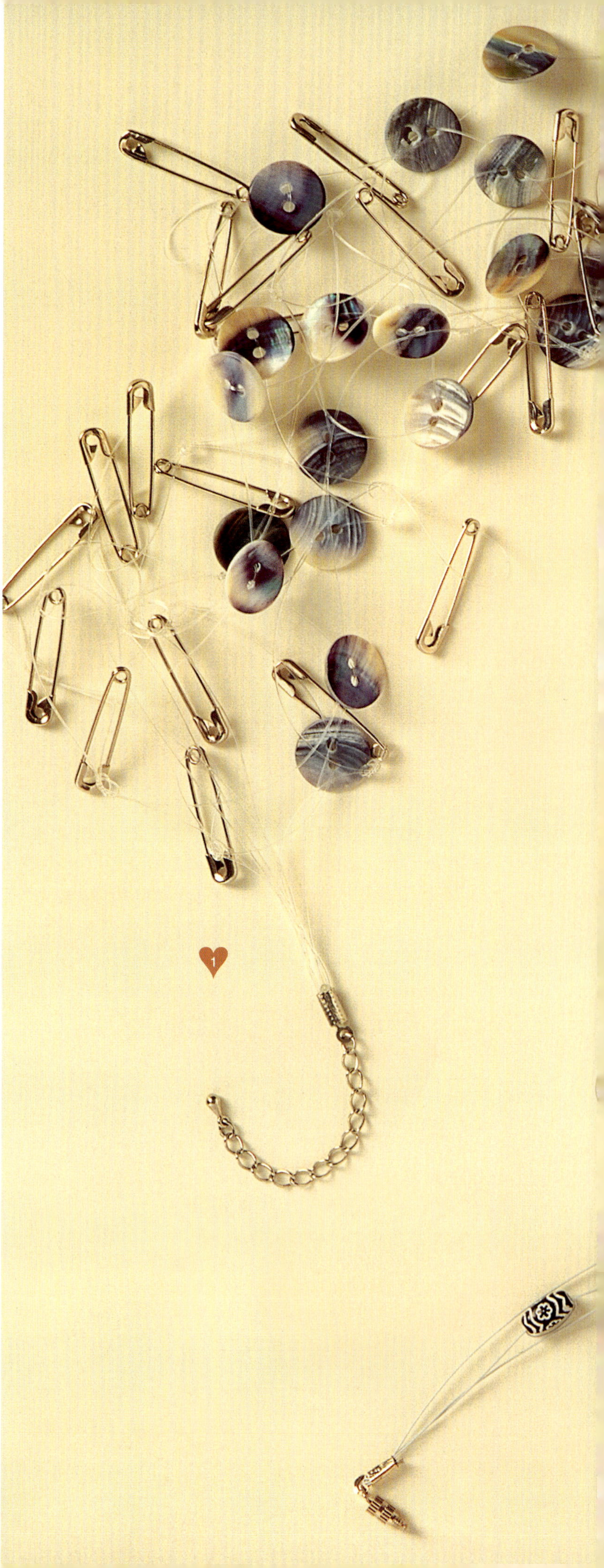

Gobelins
Collier à trois rangs

1 fil câblé *(blanc)* de 1,20 m et de Ø 0,4 mm
1 fil câblé *(blanc)* de 1,15 m et de Ø 0,4 mm
1 fil câblé *(blanc)* de 1,10 m et de Ø 0,4 mm
41 perles ovales fantaisie *(noires et blanches)* de 1 cm et de Ø 6 mm
2 cache-fils *(argent)*
1 fermoir *(argent)*

1 **Reportez-vous** à la technique n°3 *(voir page 7)* **et enfilez** 11 perles sur le fil de 1,10 m, **en les espaçant** d'environ 2 cm.

2 **Enfilez ensuite** 15 perles sur le fil de 1,15 m et 15 perles sur le fil de 1,20 m.

3 **Assemblez** les fils aux extrémités, **glissez-les** dans les cache-fils **et montez** le fermoir.

Hôtel de Ville
Collier

30 fils de nylon *(transparent)* de 1,30 m et de Ø 0,3 mm
1 tube de perles tubulaires *(turquoises)* de 7 mm et de Ø 2 mm
1 tube de perles tubulaires *(bleu irisé)* de 7 mm et de Ø 2 mm
1 tube de perles tubulaires *(bleues)* de 7 mm et de Ø 2 mm
1 tube de perles tubulaires *(vertes)* de 7 mm et de Ø 2 mm
2 capuchons à perles *(argent)* et 1 fermoir *(argent)*

1 **Reportez-vous** à la technique n°1 *(voir page 6)* **et enfilez** les perles tubulaires **en les bloquant** avec un nœud double **et en alternant** les couleurs au gré de votre fantaisie. **Prenez** soin de laisser un espace de 7 cm aux extrémités de chaque fil et de 5 cm au milieu de chaque rang, **afin d'obtenir** un collier qui ne soit pas trop chargé.

2 **Assemblez** les fils. **Glissez-les** dans les capuchons à perles à chaque extrémité **et montez** le fermoir.

Saint Jacques
Collier ras de cou

3 fils de nylon *(bleu)* de 1,40 m et de Ø 0,35 mm
120 perles de rocaille *(blanches)* de Ø 2,5 mm
2 cache-fils *(argent)* et 1 fermoir à chaînette *(argent)*

1 **Reportez-vous** à la technique n° 2 *(voir page 6)* **et glissez** une perle blanche dans chaque nœud simple sur boucle. **Espacez** chaque nœud simple de 2 cm, **sans oublier d'enfiler** une autre perle blanche dans cet intervalle.

2 **Assemblez** les fils à leurs extrémités, **glissez-les** dans les cache-fils **et montez** le fermoir.

Bracelet

Il est réalisé sur le même principe que le collier, mais sur 3 fils de nylon de 0,70 m (Ø 0,35 mm) et avec 88 perles de rocaille *(blanches)* de Ø 2,5 mm.

Rivoli
Collier

4 fils de nylon *(transparent)* de 1,10 m et de Ø 0,45 mm
3 boutons à motif ancre de marine de Ø 15 mm
3 boutons en forme de baleine de 18 mm de long
1 tube de perles de rocaille *(bleues)* de Ø 3 mm
40 coquillages à enfiler
2 cache-fils *(argent)*
1 fermoir à chaînette *(argent)*

1 **Reportez-vous** à la technique n°3 *(voir page 7)* **et enfilez** sur chaque fil 5 perles de rocaille, **puis repassez** le fil dans les perles. **Serrez** plus ou moins. **Enfilez** ensuite un coquillage **en le fixant** dans la boucle par un nœud double. **Laissez** un espace d'environ 2 cm entre chaque perle et chaque coquillage.

2 **Enfilez** les boutons vers le milieu des rangs. Sur 2 fils, **enfilez** une baleine et une ancre, sur 1 fil une ancre seule et sur le dernier fil la baleine restante. **Arrangez-vous** pour que les boutons soient tous dans le même sens.

3 **Assemblez** les fils à leurs extrémités, **glissez-les** dans les cache-fils **et montez** le fermoir.

La Cité
Collier

10 fils câblés *(argent)* de 1,40 m et de Ø 0,4 mm
65 perles rondes *(bleu irisé)* de Ø 4 mm
130 perles de rocaille *(bleues)* de Ø 2 mm
65 fleurs en résine *(blanches)*
2 cache-fils *(argent)* et 1 fermoir *(argent)*

1 **Commencez par enfiler** une perle de Ø 2 mm. **Laissez-la** libre. **Enfilez ensuite** 1 perle ronde de Ø 4 mm. **Bloquez-la** par un nœud arrière *(voir technique n°3 page 7)*. **Formez** un nœud simple sur boucle *(voir technique n°2 p. 6)*, dans laquelle, **vous glissez** 1 perle de Ø 4 mm. **Bloquez-la** par un nœud arrière. **Enfilez de nouveau** 1 perle de Ø 2 mm que **vous laissez** libre. **Enfilez** une fleur en résine. **Fixez-la** avec un nœud arrière, puis 1 perle de Ø 2 mm que **vous laissez** libre. **Continuez ainsi** de suite sur toute la longueur du fil *(voir schéma ci-dessous)*. **Procédez** de la même manière pour les 9 autres fils câblés.

2 **Assemblez** les fils à chaque extrémité. **Glissez-les** dans les cache-fils **et montez** le fermoir.

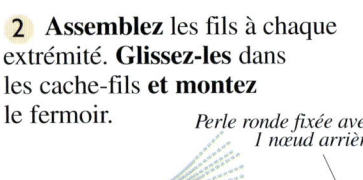

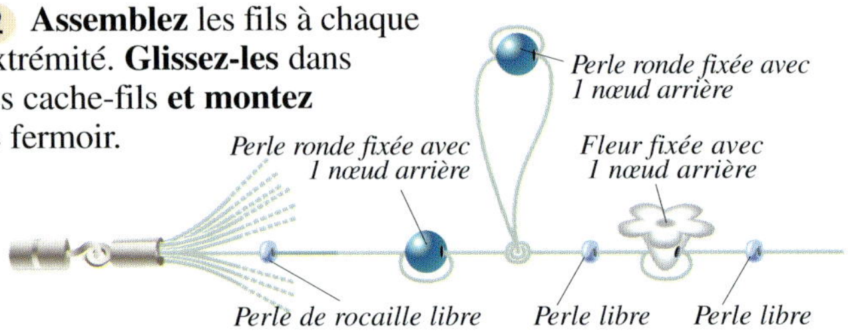

République
Collier

6 fils câblés *(blancs)* de 1,40 m et de Ø 0,4 mm
2 fils de nylon *(transparent)* de 1 m et de Ø 0,3 mm
48 feuilles en résine *(blanc opaque)*
34 perles de rocaille *(blanches)* de Ø 4 mm
8 perles rondes *(argent)* de Ø 3 mm
50 perles rondes *(argent)* de Ø 4 mm
2 cache-fils *(argent)* et 1 fermoir à chaînette *(argent)*

1 **Prenez** 2 fils câblés **et reportez-vous** à la technique n°2 *(voir page 6)*. Sur chacun des fils, **formez** 10 boucles **et insérez**, dans chacune d'elle, 1 feuille en résine. Dans chaque intervalle (5 cm) des boucles, **enfilez** 1 perle de rocaille blanche.

2 **Prenez ensuite** 2 autres fils câblés et sur chacun des fils, **formez** 5 boucles **et insérez**, dans chacune d'elle, 1 feuille en résine. Dans chaque intervalle (5 cm) des boucles, **enfilez** 1 perle ronde argent de Ø 3 mm.

3 **Prenez enfin** les 2 derniers fils câblés et sur chacun des fils, **formez** 9 boucles **et insérez** dans chacune d'elle, 1 feuille en résine. Dans chaque intervalle (5 cm) des boucles, **enfilez** 1 perle de rocaille blanche.

4 **Prenez** 2 fils de nylon **et enfilez** sur chacun d'eux, 25 perles argent de Ø 4 mm, tous les 3 cm, **en vous reportant** à la technique n°1 *(voir page 6)*.

5 **Assemblez** les fils à leurs extrémités, **glissez-les** dans les cache-fils **et montez** le fermoir.

ALÉSIA
COLLIER

19 fils de nylon *(transparent)* de 1 m et de Ø 0,3 mm
230 perles rondes *(dorées)* de Ø 3 mm
230 paillettes *(jaune irisé)* de Ø 5 mm
2 cache-fils *(dorés)*
1 fermoir à chaînette *(doré)*

1 **Reportez-vous** à la technique n°1 *(voir page 6)*. Sur chacun des fils, **enfilez** les perles et les paillettes **en les alternant** tous les 1,5 cm **et en faisant** des nœuds doubles.

2 **Assemblez** les fils **et tortillez-les** sur 1 cm à chaque extrémité *(voir page 9)*.

3 **Placez-les** dans les cache-fils **et montez** le fermoir *(voir page 9)*.

MONTPARNASSE
COLLIER

4 fils de nylon *(transparent)* de 1 m et de Ø 0,3 mm
50 perles ovales de 1 cm de long *(orange, blanc irisé et jaune)*
40 perles rondes *(blanc irisé)* de Ø 5 mm
10 perles rondes *(dorées)* de Ø 4 mm
4 perles en forme d'olive *(dorées)* de 6 mm de long
10 cœurs à enfiler *(jaune irisé)* de 7 mm
6 cœurs à enfiler *(jaune, saumon, doré et blanc)* de 12 mm
2 cache-fils *(dorés)*
1 fermoir à chaînette *(doré)*

1 **Enfilez** les perles et les cœurs tous les 1 cm environ, sur les 4 fils, **en vous reportant** à la technique n°3 *(voir page 7)* **et en les disposant** au gré de votre fantaisie.

2 **Assemblez** les fils à leurs extrémités, **glissez-les** dans les cache-fils **et montez** le fermoir.

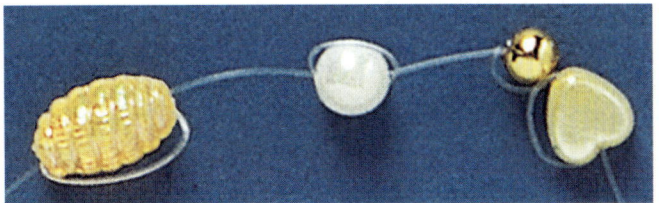

PORT ROYAL
BRACELET

4 fils de nylon *(transparent)* de 80 cm et de Ø 0,3 mm
72 perles tubulaires *(dorées)* de 7 mm et de Ø 2 mm
104 perles de rocaille *(blanches)* de Ø 2 mm
104 perles de rocaille *(argent)* de Ø 2 mm
104 perles de rocaille *(anthracites)* de Ø 2 mm
2 languettes de séparation à 3 trous *(dorées)*
1 fermoir *(doré)*

1 **Reportez-vous** à la technique n°4 *(voir page 7)*. Dans le premier trou d'une des deux languettes de séparation, **enfilez** un des 4 fils **et pliez-le** en deux. **Croisez** les fils dans la première perle anthracite. Sur chaque brin de fil, **enfilez** 3 perles anthracites, **puis croisez** les fils dans la huitième perle. **Vous obtenez ainsi,** un rond de 8 perles. **Enfilez ensuite** 1 perle tubulaire sur chaque brin de fil. **Formez** un deuxième rond avec 8 perles blanches, puis 2 perles tubulaires. **Formez** un troisième rond avec 8 perles **argent**. **Continuez ainsi de suite** jusqu'au treizième rond. **Fermez** par un nœud **et laissez pendre** les fils.

2 **Confectionnez le deuxième rang** sur le deuxième fil, **de la même manière,** mais **en commençant** par un rond de perles blanches.

3 **Confectionnez le troisième rang** sur le troisième fil, **de la même manière** que le deuxième, mais **en commençant** par un rond de perles argent.

4 **Prenez** le 4e fil. **Enfilez-le** dans le trou central de la languette de séparation **et assemblez** les trois rangs **en vous reportant** au schéma ci-contre.

5 **Fixez** les fils restants dans les trous de la deuxième languette de séparation.

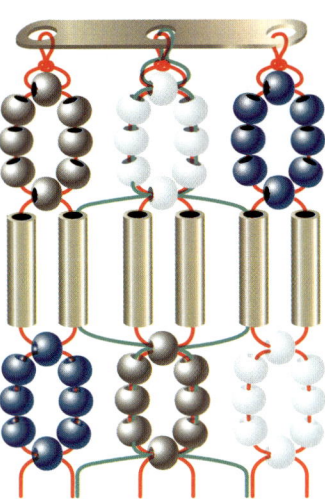

6 **Montez** le fermoir **en le passant** dans les fils des deux trous du centre de chaque languette.

BAGUE

1 fil de nylon *(transparent)* de 50 cm et de Ø 0,3 mm
10 perles tubulaires *(dorées)* de 7 mm et de Ø 2 mm
16 perles de rocaille *(blanches)* de Ø 2 mm
16 perles de rocaille *(argent)* de Ø 2 mm
8 perles de rocaille *(anthracites)* de Ø 2 mm

1 **Pliez** le fil en deux **et formez** les ronds comme pour le bracelet.

2 **Fermez** l'anneau **en faisant** un nœud avec les 2 fils.

Canal Saint Martin
Collier

8 fils de nylon *(jaune fluo)* de 1,40 m et de Ø 0,3 mm

60 perles en forme de goutte *(bleu, vert clair, vert foncé, jaune, transparent)* de 1 cm de long

80 perles rondes *(blanc nacré)* de Ø 4 mm

2 cache-fils *(argent)*

1 fermoir *(argent)*

1 Prenez 3 fils sur lesquels **vous alternez** les perles en forme de goutte et les perles rondes, **en les espaçant** d'environ 3 cm **et en vous reportant** à la technique n°1 *(voir page 6)*. **Disposez** les couleurs au gré de votre fantaisie.

2 Prenez les 5 autres fils **et reportez-vous** à la technique n°2 *(voir page 6)*. **Glissez alternativement,** dans les nœuds simples sur boucles, une perle en forme de goutte, une perle ronde etc.

3 Assemblez les fils à leurs extrémités, **glissez-les** dans les cache-fils **et montez** le fermoir.

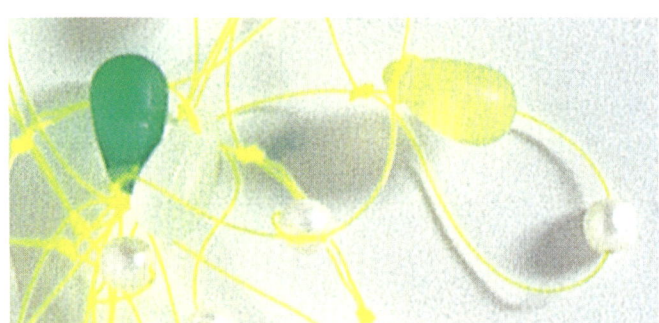

Boucles d'oreilles

4 fils de nylon *(jaune fluo)* de 60 cm et de Ø 0,3 mm

22 perles en forme de goutte *(bleu, vert clair, vert foncé, jaune, transparent)* de 1 cm de long

2 cache-fils *(argent)*

2 fermoirs pour boucles d'oreilles *(oreilles percées) (argent)*

1 Prenez 2 fils **et reportez-vous** à la technique n°2 *(voir page 6)*. **Formez** un nœud simple avec boucle tous les 1 cm environ **et glissez** une perle en forme de goutte dans chaque boucle.

2 Pliez les 2 fils en deux. **Assemblez-les** dans les cache-fils **et montez** le fermoir.

3 Confectionnez la deuxième boucle d'oreilles de la même manière.

Gambetta

Collier ras de cou

9 fils de nylon *(jaune fluo)* de 70 cm et Ø 0,3 mm

90 perles de rocaille *(noires)* de Ø 4 mm

2 cache-fils *(argent)*

1 fermoir *(argent)*

1 Reportez-vous à la technique 1 *(voir page 6)*. **Disposez** 10 perles noires sur chaque fil, tous les 3 cm environ, **en les bloquant** par un nœud double.

2 Assemblez les fils à leurs extrémités, **glissez-les** dans les cache-fils **et montez** le fermoir.

Bracelet

9 fils de nylon *(jaune fluo)* de 40 cm et Ø 0,3 mm

90 perles de rocaille *(noires)* de Ø 4 mm

2 cache-fils *(argent)*

1 fermoir *(argent)*

1 Reportez-vous à la technique 1 *(voir page 6)*. Sur chaque fil **enfilez** 3 perles noires, tous les 3 cm environ. **Bloquez-les** par un nœud double.

2 Assemblez les fils à leurs extrémités, **glissez-les** dans les cache-fils **et montez** le fermoir.

GRANDS BOULEVARDS
COLLIER

11 fils *(transparents)* de 80 cm et de Ø 0,3 mm
120 perles *(multicolores)* de Ø 8 mm
2 cache-fils *(argent)*
1 fermoir à chaînette *(argent)*

1 Reportez-vous à la technique n°1 *(voir page 6)* **et enfilez** les perles **en les disposant** tous les 5 cm.

2 Rassemblez les extrémités des fils, **prenez-les** dans chaque main, **puis faites-les tourner** sur eux-mêmes afin qu'ils s'entremêlent.

3 Glissez ces extrémités dans les cache-fils **et montez** le fermoir.

BOUCLES D'OREILLES

2 fils *(transparents)* de 15 cm et de Ø 0,3 mm
20 perles *(multicolores)* de Ø 8 mm
2 fermoirs *(argent)* pour boucles d'oreilles (oreilles percées)

1 Reportez-vous à la technique n°1 *(voir page 6)*. Sur 1 fil de 15 cm, **enfilez** les perles **en les disposant** tous les 1 cm.

2 Pliez ensuite le fil en son milieu.

3 Fixez les extrémités du fil **en les nouant** à l'anneau du fermoir.

4 Réaliser la deuxième boucle d'oreille **de la même manière.**

BRACELET

2 fils *(transparents)* de 25 cm et de Ø 0,3 mm
34 perles *(multicolores)* de Ø 8 mm
1 fermoir à chaînette *(doré)*

1 Reportez-vous à la technique n°1 *(voir page 6)* **et enfilez** les perles **en les disposant** tous les 1 cm.

2 Rassemblez les extrémités des 2 fils, **prenez-les** dans chaque main, **puis faites-les tourner** sur eux-mêmes, afin qu'ils s'entremêlent.

3 Glissez ces extrémités dans les cache-fils **et montez** le fermoir.

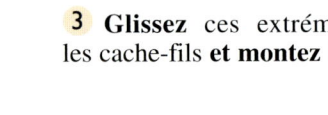

MONTMARTRE
COLLIER

3 fils *(transparents)* de 1 m et de Ø 0,3 mm
45 feuilles en plastique *(blanc irisé)*
92 fleurs *(orange)* de Ø 5 mm
2 capuchons à perles *(dorés)*
1 fermoir *(doré)*

1 Reportez-vous à la technique n°1 *(voir page 6)* **et enfilez** les perles sur les 3 fils **en alternant** une feuille et deux fleurs.

2 Assemblez les fils à leurs extrémités, **glissez-les** dans les capuchons à perles, puis **faites-les passer** dans l'anneau de chaque partie du fermoir. **Nouez-les et montez** le fermoir.

TRINITÉ
COLLIER

7 fils *(transparents)* de 1 m et de Ø 0,3 mm
50 perles rondes *(blanc nacré)* de Ø 3 mm
50 perles en forme de pétale *(rouges)* de 18 mm de long
2 cache-fils *(argent)*
1 fermoir *(argent)*

1 Reportez-vous à la technique n°2 *(voir page 6)*. **Formez** un nœud simple sur boucle tous les 5 cm environ, **et enfilez** une perle en forme de pétale dans chaque boucle. **Glissez** une perle blanche entre chaque nœud.

2 Assemblez les fils à leurs extrémités, **glissez-les** dans les cache-fils **et montez** le fermoir.

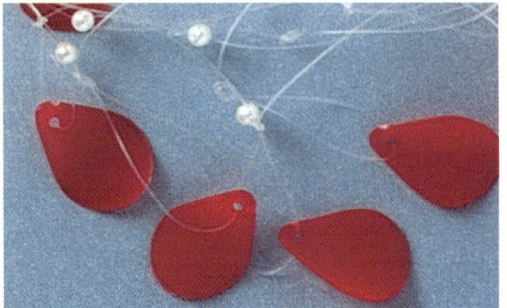

Butte aux Cailles
Collier ras de cou

5 fils de nylon *(vert)* de 1 m et de Ø 0,35 mm
15 perles en bois en forme de fleur *(jaunes)* de Ø 9 mm
5 perles en bois en forme de fleur *(vert pâle)* de Ø 12 mm
11 perles en bois en forme de fleur *(vert clair)* de Ø 12 mm
11 perles en bois en forme de fleur *(vert foncé)* de Ø 12 mm
16 perles rondes *(vert foncé irisé)* de Ø 4 mm
16 perles rondes *(vert clair irisé)* de Ø 4 mm
2 cache-fils *(argent)* et 1 fermoir à chaînette *(argent)*

1 **Prenez** 2 fils **et reportez-vous** à la technique n°2 *(voir page 6)*. **Formez** des nœuds simples sur boucles tous les 4 cm, **et glissez** les perles en forme de fleur jaunes de Ø 9 mm dans chaque boucle. Dans l'intervalle, entre chaque nœud, **glissez alternativement** une perle ronde vert foncé irisé et une perle ronde vert clair irisé.

2 Sur les 3 autres fils, **procédez de la même manière**, mais **en glissant** dans la boucle de chaque nœud simple, les perles en forme de fleur de Ø 12 mm, **en prenant soin d'alterner** les tons clairs et les tons foncés au gré de votre fantaisie.

3 Dans l'intervalle entre chaque nœud, **glissez, en les alternant,** des perles rondes vert foncé irisé et vert clair irisé. **Assemblez** les fils à chaque extrémité, **glissez-les** dans les cache-fils **et montez** le fermoir.

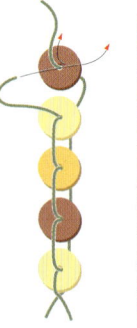

Place des Peupliers
Collier ras de cou

1 m de fil de nylon *(transparent)* de Ø 0,3 mm
16 perles ovales en bois *(naturel)* de 15 mm et de Ø 5 mm
11 perles rondes en bois *(naturel)* de Ø 8 mm
88 perles cylindriques en bois *(naturel)* de Ø 5 mm
50 perles cylindriques en bois *(noir)* de Ø 5 mm
2 lacets en cuir de 26 cm
1 pistolet à colle thermofusible

1 **Reportez-vous** à la technique n°4 *(voir page 7)*. **Pliez** le fil en deux **et enfilez** 1 perle cylindrique noire en son milieu. Sur chaque brin de fil, **enfilez** 1 perle ovale, 1 perle cylindrique noire, puis 1 perle ovale dans laquelle **vous croisez** les deux brins du fil. **Reprenez** l'enfilage de chaque brin avec 1 perle cylindrique naturelle, 1 perle cylindrique noire, 1 perle cylindrique naturelle, puis 1 perle ronde de Ø 8 mm dans laquelle **vous croisez** les fils. **Reprenez de nouveau** l'enfilage avec 1 perle cylindrique naturelle sur chaque brin, 1 perle cylindrique noire, 1 perle cylindrique naturelle, puis 1 perle ovale dans laquelle **vous croisez** les deux brins de fil. **Continuez ainsi** jusqu'à la fin du travail.

2 **Après avoir croisé** les fils dans la quatorzième perle ovale, **enfilez** sur chaque brin de fil, 1 perle cylindrique noire, une perle ovale et une dernière perle noire. **Faites** un nœud **pour arrêter** le travail.

3 **Encollez** les lacets à l'aide du pistolet à colle **et fixez-les** à chaque extrémité du collier dans une perle ovale.

Père Lachaise

Collier

80 cm de fil de nylon *(transparent)* de Ø 0,3 mm
13 perles plates en bois *(jaune)* de Ø 8 mm et de 2 mm d'épaisseur
13 perles plates en bois *(rouille)* de Ø 8 mm et de 2 mm d'épaisseur
13 perles plates en bois *(orange)* de Ø 8 mm et de 2 mm d'épaisseur
2 ressorts à perles *(dorés)*
1 fermoir à chaînette *(doré)*

1 **Reportez-vous** à la technique n°4 *(voir page 7)*. **Enfilez** les perles, **sans laisser** d'espace, **en croisant** les fils **et en alternant** les couleurs *(voir schéma ci-dessus)*.

2 **Glissez** chaque extrémité du fil dans les ressorts à perles.

3 **Nouez** le fil dans les anneaux du fermoir, **puis montez** ce dernier.

Bracelet

60 cm de fil de nylon *(transparent)* de Ø 0,3 mm
7 perles plates en bois *(jaune)* de Ø 8 mm et de 2 mm d'épaisseur
7 perles plates en bois *(rouille)* de Ø 8 mm et de 2 mm d'épaisseur
7 perles plates en bois *(orange)* de Ø 8 mm et de 2 mm d'épaisseur
1 fermoir *(argent)*

1 **Reportez-vous** à la technique n°4 *(voir page 7)*, **et enfilez** les perles **de la même manière** que pour le collier.

2 **Montez** le fermoir **en nouant** les extrémités du fil dans les anneaux de ce dernier.

TABLE DES MATIÈRES

4 et 5
Matériel et Fournitures - Conseils et Astuces

6
Techniques de Base

10
Buttes Chaumont - Monceau - Montsouris

12
Alcazar - Lido - Moulin Rouge

14
Odéon - Saint Germain des Prés - Saint Michel

16
Auteuil - Passy - Trocadéro

18
Luxembourg - Palais Royal - Tuileries

20
Ile Saint-Louis - Notre-Dame

22
Les Halles - Marais - Place des Vosges

24
Champs-Élysées - Concorde - Georges V - Opéra

26
Bastille - Belleville - Nation

28
Anvers - Blanche - Pigalle

30
Champ de Mars - Invalides - La Madeleine

32
Contrescarpe - Gobelins

34
Hôtel de Ville - Saint Jacques - Rivoli

36
La Cité - République

38
Alésia - Montparnasse - Port Royal

40
Canal Saint Martin - Gambetta

42
Grands Boulevards - Montmartre - Trinité

44
Buttes aux Cailles - Père Lachaise - Place des Peupliers